「義理チョコ」はセーフですよね？

こんなときどうする？
地方公務員の
コンプライアンス

一般財団法人　公務人材開発協会　業務執行理事

鵜養 幸雄／著

ぎょうせい

はじめに

本書のねらい

　自治体にとってのコンプライアンス・公務員倫理の基本は、住民の信頼に応える行政サービスを行うこと、そして、最低限、**職員の行動について、おかしいと思われない、職務遂行の公正さに住民から疑いをもたれないこと**です。

　そのため、職員一人ひとりが、自身の行動について不信・疑念が生じないためにはどうしたらよいかをしっかりと考えることが大切です。本書はそのための素材を提供するものです。

ご使用に当たっての注意

　本書のご使用に当たって、特に留意していただきたいのは、「結論を急がない」ことです。形式的にルールを適用して「問題ない」（「セーフ」）とすることは避けなければなりません。

　どこに問題があるか、ルールをどう理解し、どのような視点で検討するかという過程に意味があります。Q&Aはその材料となるものです。なお、用意した事例については、過去にはあっても明々白々な不祥事は省略しています。他方、つい起こりそうなもので忘れてはならないものは若干の重複をおそれず類似のものも取り上げています。

　本書のスタンスとして、**検討・行動において「慎重」であること**を求めています。「石橋を叩いて渡る」心構えが必要です。望ましい行動の繰り返しが、習慣に、そして組織文化の変革につながります。

　「これくらいならかまわない」、「ここまでは大丈夫」といった油断が、深刻な事態の芽となることは、安全工学の「ヒヤリハット」（ハインリッヒの法則：1件の重大事故の背景に29件の軽い事故、300件のヒヤリハット）の教えるところでもあり、レジリエンスエンジニアリングでも、"complacency"（自己過信、無頓着などと訳されます。）として着目していることです。

国の制度・運用との関係

　国家公務員倫理については、人事院・国家公務員倫理審査会のホームページ（https://www.jinji.go.jp/rinri/）に法令の説明、照会回答の内容などが掲載されています。かなりの量の蓄積に基づくもので、自治体職員についても参考となり、適宜、本書でも言及しています。もっとも、「一般に」として「想定」された例示の数値の一人歩きは避けるべきです（例えば、立食パーティーの「多数」を「20名程度以上」としたり、「簡素な飲食物」を「3,000円程度までの箱弁」と固定的に運用すべきではありません。）。

　さらに、公務として国との共通性がありつつも、自治体職員についての特性も考慮する必要があります。それは、**住民との距離の近さ**です。本書の説明の中ではこれを考慮した記述を加えています。

　なお、『人事院月報』「シリーズ　コンプライアンスについて考える」（2018年8月号〜）の各論稿は、いずれも優れた知見に富むものです（本書では紙面の関係もあり、限られた範囲での紹介ですが、参考となる指摘等を適宜引用させていただきました。）。

　本書が、自治体のコンプライアンス・公務員倫理の確保・推進に向けて、その一助となれば幸いです。

令和3年6月

鵜　養　幸　雄

目　次

はじめに

第1章　地方公務員にとってのコンプライアンスってなんですか。

1　地方公務員のコンプライアンスの基本 ・・・・・・・・・・・・・・・・・ 2

Q1　そもそもコンプライアンスとはなんですか？ ・・・・・・・・・・・・・・・ 2

　【参考①】コンプライアンスに関するさまざまな定義・説明 ・・・・・・・・ 3

Q2　コンプライアンスが問題となった背景には、どんな事情があるのですか？ ・・・・・・・・・・・・・・・・・・・・・・・・・・・・・・・・・・・・・・・ 5

Q3　コンプライアンス（の保持・推進）と不祥事（対策）とは、どんな関係があるのですか？ ・・・・・・・・・・・・・・・・・・・・・・・・・・・・・・ 6

Q4　コンプライアンスに関して、法律などではどのように定められているのですか？ ・・・・・・・・・・・・・・・・・・・・・・・・・・・・・・・・・・・ 7

Q5　公務員にとって、コンプライアンスはどんな意味があるのですか？ ・・・ 8

Q6　公務員の服務規律とは、どんな関係があるのですか？ ・・・・・・・・・・ 9

　【もう少しくわしく①】地公法で定める服務 ・・・・・・・・・・・・・・・・ 10

Q7　昔からいわれる「綱紀粛正」とは、どんな関係があるのですか？ ・・ 14

　【参考②】繰り返された綱紀粛正の要請 ・・・・・・・・・・・・・・・・・・・ 15

Q8　コンプライアンスと公務員倫理とは、どんな関係があるのですか？ ・・ 16

　【参考③】倫理学と公務員倫理 ・・・・・・・・・・・・・・・・・・・・・・・・・ 17

Q9　国家公務員について定められた公務員倫理の制度は、どのようなものですか？ ・・・・・・・・・・・・・・・・・・・・・・・・・・・・・・・・・・・・・ 18

　【参考④】倫理法・倫理規程の生い立ち ・・・・・・・・・・・・・・・・・・・ 19

　【参考⑤】倫理法・倫理規程の概要 ・・・・・・・・・・・・・・・・・・・・・・ 21

Q10　倫理法は地方公務員に関係がありますか？ ・・・・・・・・・・・・・・・ 24

Q11　地方公務員にとってのコンプライアンス・倫理の意味はなんですか？・・・ 25

Q12　地方公務員のコンプライアンス・倫理を条例によって定めることはできますか？ ・・・・・・・・・・・・・・・・・・・・・・・・・・・・・・・・・・・ 26

　【参考⑥】自治体の条例 ・・・・・・・・・・・・・・・・・・・・・・・・・・・・・ 27

Q<i>13</i>　条例以外にコンプライアンス・倫理に関するルールはどのように
　　　定められますか？・・・33

　　【参考⑦】条例以外でのルールの定め方・・・・・・・・・・・・・・・・・・・・・・34

Q<i>14</i>　地方公務員のコンプライアンス・倫理はどのように判断されるのですか？
　　　・・・36

Q<i>15</i>　法律や条例に違反しなければコンプライアンス・倫理の点では問題
　　　ないと考えられますか？・・・・・・・・・・・・・・・・・・・・・・・・・・・・・・・・・・・37

　　【参考⑧】積極的倫理・積極的コンプライアンス・・・・・・・・・・・・・・・38

　　【参考⑨】企業倫理とCSR ・・・・・・・・・・・・・・・・・・・・・・・・・・・・・・・・39

2　コンプライアンスに違反すると・・・・・・・・・・・・・・・・・・・・・・・・・・40

Q<i>16</i>　違反行為に対してはどのような制裁などの仕組みがあるのですか？ ・・40

Q<i>17</i>　違反者本人はどうなりますか？・・・・・・・・・・・・・・・・・・・・・・・・・・・・41

　　【参考⑩】公務員に関する刑法の規定・・・・・・・・・・・・・・・・・・・・・・・・42

　　【参考⑪】入札談合に関する刑事罰等・・・・・・・・・・・・・・・・・・・・・・・・44

Q<i>18</i>　違反者の上司はどうなりますか？・・・・・・・・・・・・・・・・・・・・・・・・・・45

Q<i>19</i>　違反者の部署・チームへの影響はどうなりますか？・・・・・・・・・・・46

Q<i>20</i>　違反者が出た自治体への影響はどうなりますか？・・・・・・・・・・・・47

第**2**章 こんな時どうする？
事例別　地方公務員のコンプライアンス

1　職員・住民・議員との事例・・・・・・・・・・・・・・・・・・・・・・・・・・・・・50

Q<i>21</i>　私生活に関する質問・・・・・・・・・・・・・・・・・・・・・・・・・・・・・・・・・・・50
　　同僚の職員の服装が普段と変わっていたので、親しみを込めて、「今
　　晩はデートですか」と発言することは問題になりますか？

Q<i>22</i>　育児短時間勤務職員への嫌み・・・・・・・・・・・・・・・・・・・・・・・・・・・51
　　繁忙期に育児短時間勤務を行う同僚に対して、嫌みを言うことは問題
　　になりますか？

Q<i>23</i>　後輩職員への叱責・・・・・・・・・・・・・・・・・・・・・・・・・・・・・・・・・・・・52
　　仕事に熱意が見られない後輩に、しっかりとしてもらうために、書類
　　で机をたたく程度のことをしても問題になりますか？

Q<i>24</i>　部下の仕事外し・・・・・・・・・・・・・・・・・・・・・・・・・・・・・・・・・・・・・53
　　何度指導しても仕事ぶりが改善しない部下に、反省を促すために1ヶ
　　月間仕事を与えないことは問題になりますか？

【もう少しくわしく②】ハラスメントへの取組（仕組みの概要）‥‥‥54

【もう少しくわしく③】ハラスメントに関する指針に掲げられた言動
の例 ‥‥‥‥‥‥‥‥‥‥‥‥‥‥‥‥‥‥‥‥56

【参考⑫】国家公務員のハラスメント防止に関する仕組み‥‥‥‥58

【参考⑬】ハラスメントに関する相談への対応‥‥‥‥‥‥‥‥‥63

Q25 仕事でのミス ‥‥‥‥‥‥‥‥‥‥‥‥‥‥‥‥‥‥‥64
仕事で計算ミスをしてしまい必要以上の額の徴収をしてしまったが、上
司の指摘を受け訂正し、住民も納得している場合は問題になりますか？

Q26 書類の紛失 ‥‥‥‥‥‥‥‥‥‥‥‥‥‥‥‥‥‥‥65
書類を紛失してしまったが、重要なものでもなく、単に説明の補足資
料であった場合は問題になりますか？

Q27 決裁の省略 ‥‥‥‥‥‥‥‥‥‥‥‥‥‥‥‥‥‥‥66
住民の申請に対する処分で、従来から特に内容に問題がなかった事例
について上司の決裁があったことにして書類を作成することは問題に
なりますか？

Q28 回答期限徒過 ‥‥‥‥‥‥‥‥‥‥‥‥‥‥‥‥‥67
住民への回答期限を勘違いして期日に遅れてしまったものの実害がな
かった場合は問題になりますか？

Q29 要望書の放置 ‥‥‥‥‥‥‥‥‥‥‥‥‥‥‥‥‥68
住民からの要望書を1年近く放置してしまったが、特に行政運営に影
響のないものだった場合は問題になりますか？

Q30 不適切な保管 ‥‥‥‥‥‥‥‥‥‥‥‥‥‥‥‥‥69
住民への書類に押印する公印を個人の机の引き出しに入れておくこと
は問題になりますか？

Q31 送付の誤り ‥‥‥‥‥‥‥‥‥‥‥‥‥‥‥‥‥‥‥70
登録されていたDV被害者の住所をうっかり加害者に送付したが、す
でに転居していた場合にも問題になりますか？

【参考⑭】ヒューマンエラーという課題‥‥‥‥‥‥‥‥‥‥‥71

Q32 SNSでの意見表明 ‥‥‥‥‥‥‥‥‥‥‥‥‥‥‥72
自治体の政策に納得できないので反対する意見を個人の意見として
SNSで発信することは問題になりますか？

【参考⑮】SNSというツール ‥‥‥‥‥‥‥‥‥‥‥‥‥‥73

Q33 政治家への応援演説 ‥‥‥‥‥‥‥‥‥‥‥‥‥‥74
地方議員のパーティーに参加して個人の見解としてその議員を応援す
るスピーチをすることは問題になりますか？

Q34 政治家からの夕食招待 ························· 75

日頃から付き合いのある地方議員に招かれて夕食を共にすることは問題になりますか？

Q35 政治家との会食 ······························· 76

地方議会閉会後、特定政党の所属議員たちの会食に加わることは問題になりますか？

2 関連業者との事例 ···························· 77

Q36 茶菓の提供 ································· 77

日頃から付き合いのある認可の相手方の業者とたまたま道で会った際に誘われて喫茶店でコーヒー・ケーキをごちそうになることは問題になりますか？

Q37 カレンダー ································· 78

出入り業者が壁掛け・卓上カレンダーを携えて挨拶にきたのでそれを受け取ることは問題になりますか？

Q38 シンポジウムでの挨拶等 ····················· 79

補助金交付の相手方が主催するシンポジウムに招かれて、会場での挨拶をし、懇親会で食事を提供されることは問題になりますか？

Q39 説明の場での食事・茶菓提供 ·················· 80

行政指導の相手方の依頼に応じて先方の会社で説明を行った際、昼食と茶菓の提供を受けることは問題になりますか？

Q40 検査先による車の送迎 ······················ 81

立ち入り検査の実施日に相手先から車での送迎を受けることは問題になりますか？

Q41 監査後の車の便宜供与 ······················ 82

実地での監査を行ったところバスのない時間になってしまったため相手先の会社の車で送ってもらうことは問題になりますか？

Q42 贈答品の配分 ······························· 83

課長が出入り業者から贈られた果物を課員に分けた場合に課員については問題になりますか？

Q43 義理チョコ ································· 84

親しくしている営業担当者から、義理チョコを受け取ることは問題になりますか？

Q44 共にするテニス ····························· 85

関連業者とゴルフをすることは禁止されているそうですが、テニスをすることは問題になりますか？

Q45 共にする麻雀 ··86

関連業者と麻雀をすることは問題になりますか？

Q46 共にする旅行 ··87

親しくしている関連業者との会話で近くの温泉が話題となったので、費用はそれぞれが負担することとして一緒に旅行することは問題になりますか？

Q47 祝　電 ···88

結婚式に関連業者から祝電を受け取ることは問題になりますか？

Q48 祝い品 ···89

結婚式で採用同期一同からの祝い品が送られてきたが、その中にすでに退職して契約の相手方企業の社員となっている者が含まれていた場合には問題になりますか？

Q49 香　典 ···90

親族の葬儀でその親族と友人だった関連業者から香典を受け取ることは問題になりますか？

Q50 花　輪 ···91

親族の葬儀の際、関連業者から社名入りの花輪を受け取ることは問題になりますか？

　　【もう少しくわしく④】倫理規程が定める利害関係者・禁止される

　　　　　　行為 ···92

3　勤務外・休暇中・プライベートの事例 ·················94

Q51 親睦会費の一時的流用 ···94

消費者金融からの借金返済のために、職場で預かっている親睦会費から必要額を流用し、数日後の給料日に補填した場合には問題になりますか？

Q52 取立ての電話 ··95

消費者金融から借金をしているが額が多くなり利息の返済もままならなくなってしまったところ、業者から職場に催促の電話がかかることは問題になりますか？

Q53 喫　煙 ···96

ヘビースモーカーでありたばこが切れると仕事に集中できなくなるので、トイレ、自動販売機や売店に行く機会に庁舎外に出て喫煙することは問題になりますか？

Q54 私的取引 ···97

FXトレードが気になるものの職場のパソコンは使えないので、休憩時間や何度かトイレに行った際にスマホで取引を行うことは問題になりますか？

Q 55 遺失物の取得 ······························ 98

勤務時間後帰宅途中で、千円札を見つけて拾ったが、交番に届けようとしたものの誰もいなかったのでそのままにしたことは問題になりますか？

Q 56 賭け麻雀 ································· 99

学生時代からの友人と麻雀をしていたところ、途中から掛け金のレートが上がっていってしまったが2時間ほどで切り上げた場合には問題になりますか？

Q 57 病気休暇中の行為 ························· 100

1ヶ月の病気休暇中に体調がよかったので地元のスポーツ大会に参加して運良く優勝できてしまったのでそのことをSNSに載せることは問題になりますか？

Q 58 酒気帯び運転 ····························· 101

休日に仕事とは関係のないことで運転をする際に少量の日本酒を飲んでいたが事故も起こさなかった場合には問題になりますか？

Q 59 無免許運転 ······························· 102

運転免許の期間が切れているが、家族の買い物の手伝いのために近所を自家用車で往復することは問題になりますか？

Q 60 示談に至った事故 ························· 103

休日に酒気帯び運転で交通事故を起こしてしまったが、相手方とは保険会社が入って示談となり両者に全く不満が残らなかった場合には問題になりますか？

Q 61 飲酒運転 ································· 104

時間外の職場の懇親会に自家用車で参加した際、飲酒をしないつもりであったが事情を知らない同僚に勧められるままに飲酒したので、運転代行を依頼したがなかなか見つからず、酔った自覚もなかったので自家用車で帰宅したことは問題になりますか？

Q 62 友人からのプレゼント ····················· 105

学生時代からの友人で将来的に許認可の対象となる可能性のある会社の社員となっている者から誕生日のプレゼントを受け取ることは問題になりますか？

Q 63 引越の際の手伝い ························· 106

引越の日に先日契約をした会社の社員が来て、たまたま近くにいるので個人として手伝いをさせてほしいという場合にその申し出を受けることは問題になりますか？

Q 64 たまたま出会った際の会食 ················· 107

休暇の日にたまたま出会った関係業者と昼食を共にすることは問題になりますか？

Q 65 旅行先 ・・ 108

休暇で家族旅行での宿泊先が関係業者の家族と同じであった場合に家族ぐるみで親しくなり、先方から提供された観光地の名産品の土産を受け取ることは問題になりますか？

4　災害対応時等の事例・・・・・・・・・・・・・・・・・・・・・・・・・・・・・・・・ 109

Q 66 誤った指示 ・・・・・・・・・・・・・・・・・・・・・・・・・・・・・・・・・・・・・ 109

住民への避難指示を行う際に災害の状況の理解が十分でなかったために誤った指示を行ってしまった場合には問題になりますか？

Q 67 誤操作 ・・・ 110

住民への避難指示を行う際に無線放送の操作を誤ってしまい一部の地域に伝わらなかった場合には問題になりますか？

Q 68 遅　刻 ・・・ 111

緊急時で慌てていたために出動先を勘違いしてしまい、10分程度遅れてしまった場合には問題になりますか？

Q 69 自己の判断による退庁 ・・・・・・・・・・・・・・・・・・・・・・・・・ 112

災害対応が勤務時間を超えた場合に他の職員もいることから業務に支障はないと考え退庁することは問題になりますか？

Q 70 自宅・家族の安全 ・・・・・・・・・・・・・・・・・・・・・・・・・・・・・ 113

出勤前の災害により、自宅が危険な状況となった際、家族の安全と自宅の保全を優先することは問題になりますか？

Q 71 業者の車での同乗 ・・・・・・・・・・・・・・・・・・・・・・・・・・・・・ 114

自宅の乗用車が使用できなくなった中で住民の避難所に向かう際に関係業者から声をかけられたので同乗することは問題になりますか？

Q 72 部下への叱責 ・・・・・・・・・・・・・・・・・・・・・・・・・・・・・・・・・ 115

被災地での作業の際に、住民の生命安全を守るために作業が緩慢な部下に厳しい口調で命令することは問題になりますか？

Q 73 調査の優先 ・・・・・・・・・・・・・・・・・・・・・・・・・・・・・・・・・・・ 116

被害状況を調査する際に、対象住民の中に親戚がいたのでそこから開始したが全体の予定時間どおりに終わった場合には問題になりますか？

Q 74 自宅立ち寄り ・・・・・・・・・・・・・・・・・・・・・・・・・・・・・・・・・ 117

被害状況を確認するための視察途中に自宅の状況が気になったので、自宅に立ち寄ることは問題になりますか？

Q 75 業者からの差し入れ ・・・・・・・・・・・・・・・・・・・・・・・・・・ 118

避難所で食事の供給業者から差し入れを受けることは問題になりますか？

Q76 知人への差し入れ ・・・・・・・・・・・・・・・・・・・・・・・・・・・・・・・・ 119

避難所で親しくしている知り合いを見つけたため、個人の費用で菓子や雑誌などを購入して差し入れすることは問題になりますか？

Q77 無免許運転 ・・・・・・・・・・・・・・・・・・・・・・・・・・・・・・・・・・・・・ 120

避難所への物資運搬のため運転免許停止中ではあったが近距離の運転をすることは問題になりますか？

Q78 業者による接待 ・・・・・・・・・・・・・・・・・・・・・・・・・・・・・・・・・ 121

災害復旧作業に関して担当業者が便宜に感謝していると夕食の接待を受けることは問題になりますか？

Q79 噂の伝達 ・・・・・・・・・・・・・・・・・・・・・・・・・・・・・・・・・・・・・・・ 122

感染症対策業務に従事中、ある地区で感染者が発生したらしいという噂を耳にしたので、LINEでその旨を知り合いに伝えることは問題になりますか？

Q80 指示に反する行動 ・・・・・・・・・・・・・・・・・・・・・・・・・・・・・・・ 123

感染症対策のために移動自粛が求められていたが、泊まりがけで他県の親戚を訪問しその旨を報告しないことは問題になりますか？

第3章　不祥事が起こってしまったら？

1　不祥事が起こった場合の対応 ・・・・・・・・・・・・・・・・・・・・・・・ 126

Q81 違反行為を行ってしまったときはどうすべきですか？ ・・・・・・・ 126

【参考⑯】人はなぜ過ちを犯すのか？ ・・・・・・・・・・・・・・・・・・・・・ 127

Q82 違反を発見してしまったときはどうすべきですか？ ・・・・・・・・・ 128

Q83 内部通報の通報者はどのように保護されるのですか？ ・・・・・・・ 129

【参考⑰】公益通報者保護法の概要 ・・・・・・・・・・・・・・・・・・・・・・・ 130

Q84 不祥事への対応はどのようにすべきですか？ ・・・・・・・・・・・・・・ 131

Q85 不祥事が起こったことは直ちに公表すべきですか？ ・・・・・・・・・ 132

Q86 不祥事の再発防止のためにしなければならないことはなんですか？ ・・ 133

Q87 違反者に対してはどのような処分がなされることになりますか？ ・・・ 134

【もう少しくわしく⑤】懲戒制度 ・・・・・・・・・・・・・・・・・・・・・・・・・ 135

Q88 処分に当たってはどのようなことが判断されて、どのような処分が行われるのですか？ ・・・・・・・・・・・・・・・・・・・・・・・・・・・・・・・・・・・・ 136

【もう少しくわしく⑥】懲戒処分の判断と量定（人事院の指針） ・・・ 137

Q*89* 処分の結果は公表しなければいけないのですか？ ・・・・・・・・・・・・ 141

Q*90* 公表はどのような手順で行われますか？ ・・・・・・・・・・・・・・・・・・・ 142

【参考⑱】懲戒処分の公表指針・・・・・・・・・・・・・・・・・・・・・・・・・・・・・ 143

2　不祥事防止のために今できること ・・・・・・・・・・・・・・・・・・ 144

Q*91* 不祥事防止対策の基本としてどのようなことがありますか？ ・・・・ 144

Q*92* 組織としてどのような体制を整えるべきですか？ ・・・・・・・・・・・・ 145

【参考⑲】リスクマネジメントとしての苦情対応・・・・・・・・・・・・・・・ 146

Q*93* 個々の職員として必要な心構えはなんですか？ ・・・・・・・・・・・・・ 147

【参考⑳】「カード」の利用（例）・・・・・・・・・・・・・・・・・・・・・・・・・・ 148

Q*94* 職場としての取組はどのように行えばよいですか？ ・・・・・・・・・・・ 149

Q*95* 上司の役割としてはどのようなものがありますか？ ・・・・・・・・・・・ 150

Q*96* ルールとしてはどのようなものを定めたらよいですか？ ・・・・・・・・ 151

Q*97* 公務員倫理に関する報告・公表についてはどのような仕組みがありますか？ ・・・ 152

Q*98* マニュアルの作成、使用に当たっての留意点はなんですか？ ・・・・ 153

Q*99* チェックリストを有効に活用するにはどうすればよいですか？ ・・ 154

Q*100* 地方公務員がコンプライアンス・倫理を学ぶにはどのような方法がありますか？ ・・ 155

資　料　編

・国家公務員倫理法（平成11年法律第129号）（抄）・・・・・・・・・・・ 158

・国家公務員倫理規程解説（抄）・・・・・・・・・・・・・・・・・・・・・・・・・・・ 164

・倫理規程論点整理（抄）・・・・・・・・・・・・・・・・・・・・・・・・・・・・・・・・ 186

【もう少しくわしく】・【参考】一覧

【もう少しくわしく①】地公法で定める服務・・・・・・・・・・・・・・・・・・・・・・・・・・10
【もう少しくわしく②】ハラスメントへの取組（仕組みの概要）・・・・・・・・・54
【もう少しくわしく③】ハラスメントに関する指針に掲げられた言動の例・・・・・・・56
【もう少しくわしく④】倫理規程が定める利害関係者・禁止される行為・・・・92
【もう少しくわしく⑤】懲戒制度・・・・・・・・・・・・・・・・・・・・・・・・・・・・・・135
【もう少しくわしく⑥】懲戒処分の判断と量定（人事院の指針）・・・・・・・・・137

【参考①】　コンプライアンスに関するさまざまな定義・説明・・・・・・・・・・・・・・・・・ 3
【参考②】　繰り返された綱紀粛正の要請・・・・・・・・・・・・・・・・・・・・・・・・・・・・15
【参考③】　倫理学と公務員倫理・・・・・・・・・・・・・・・・・・・・・・・・・・・・・・・・17
【参考④】　倫理法・倫理規程の生い立ち・・・・・・・・・・・・・・・・・・・・・・・・・19
【参考⑤】　倫理法・倫理規程の概要・・・・・・・・・・・・・・・・・・・・・・・・・・・21
【参考⑥】　自治体の条例・・・・・・・・・・・・・・・・・・・・・・・・・・・・・・・・・・・27
【参考⑦】　条例以外でのルールの定め方・・・・・・・・・・・・・・・・・・・・・・・・34
【参考⑧】　積極的倫理・積極的コンプライアンス・・・・・・・・・・・・・・・・・・・・38
【参考⑨】　企業倫理とCSR・・・・・・・・・・・・・・・・・・・・・・・・・・・・・・・・・39
【参考⑩】　公務員に関する刑法の規定・・・・・・・・・・・・・・・・・・・・・・・・・・・42
【参考⑪】　入札談合に関する刑事罰等・・・・・・・・・・・・・・・・・・・・・・・・・44
【参考⑫】　国家公務員のハラスメント防止に関する仕組み・・・・・・・・・・・・・58
【参考⑬】　ハラスメントに関する相談への対応・・・・・・・・・・・・・・・・・・・・63
【参考⑭】　ヒューマンエラーという課題・・・・・・・・・・・・・・・・・・・・・・・・・・71
【参考⑮】　SNSというツール・・・・・・・・・・・・・・・・・・・・・・・・・・・・・・73
【参考⑯】　人はなぜ過ちを犯すのか？・・・・・・・・・・・・・・・・・・・・・・・・・127
【参考⑰】　公益通報者保護法の概要・・・・・・・・・・・・・・・・・・・・・・・・・・130
【参考⑱】　懲戒処分の公表指針・・・・・・・・・・・・・・・・・・・・・・・・・・・・・・143
【参考⑲】　リスクマネジメントとしての苦情対応・・・・・・・・・・・・・・・・・・・146
【参考⑳】　「カード」の利用（例）・・・・・・・・・・・・・・・・・・・・・・・・・・・148

凡　例

倫理法	国家公務員倫理法（平成11年8月13日法律第129号）
倫理規程	国家公務員倫理規程（平成12年3月28日政令第101号）
人事院解説	国家公務員倫理規程解説（人事院・国家公務員倫理審査会）
人事院論点	倫理規程論点整理・事例集（令和2年3月新装版、人事院・国家公務員倫理審査会）
地公法	地方公務員法（昭和25年12月13日法律第261号）
独占禁止法	私的独占の禁止及び公正取引の確保に関する法律（昭和22年4月14日法律第54号）
官製談合防止法	入札談合等関与行為の排除及び防止並びに職員による入札等の公正を害すべき行為の処罰に関する法律（平成14年7月31日法律第101号）

第1章

地方公務員にとってのコンプライアンスってなんですか。

　この章では、コンプライアンスに関する基本的事項を扱います。

　コンプライアンスに関するさまざまな用語について説明し、また、公務員倫理の仕組みについて概観しています。特に、自治体職員にとってのコンプライアンス・倫理の意義を確認します。

　総論的な部分という性格から、本章の20のQと【参考】等では、少し細かな説明・解説に及ぶところもあります。適宜、先に第2章の各論に読み進んだ後での確認として活用いただくこともあろうと思われます。

1　地方公務員のコンプライアンスの基本

Q1　そもそもコンプライアンスとはなんですか？

ここがポイント！

コンプライアンスの内容は、広くとらえられるように
なってきている。
　法令を遵守すること
　　→法令「等」を遵守すること、内部統制
　　　→社会の要請・住民の期待に応えること
自治体では、条例、指針などでそれぞれの定義も試み
られている。

■解説 ....

　「コンプライアンス」は、国語辞典（新村出編『広辞苑』（第7版））
では、「【compliance】要求や命令に従うこと。特に、企業が法令や社
会規範・企業倫理を守ること。法令遵守。」とされていますが、近時は、
さらに広く、**組織として幅広く社会的な要請・期待に応えること**とさ
れています。

　自治体の条例では、例えば、信頼される市政のためのコンプライア
ンス条例（石巻市）（平成18年3月24日条例第1号）第2条（定義）⑷で、
「コンプライアンス　職員が、**法令を遵守することを基本に、高い倫
理観に基づき公務を遂行すること**をいう。」とし、小樽市職員倫理条
例（平成24年3月15日条例第1号）第2条（定義）⑸で、「コンプラ
イアンス　職員が、法令を遵守することを基本に、次条（基本的心構
え）に規定する基本的心構え及び第4条（職員の責務）に規定する職
員の責務に基づき、**高い倫理観を持って、市民のために積極的、自主
的かつ誠実に職務を遂行すること**をいう。」としています。

☞【参考①】（P.3）、【参考⑥】（P.27）

【参考①】

コンプライアンスに関するさまざまな定義・説明

●浜辺陽一郎『コンプライアンスの考え方』、『図解 コンプライアンス
　経営（第4版）』

　コンプライアンス（compliance）の語源は、その動詞形「従う」を意味するcomplyから来ている。これは「完全、完成する」を意味するcompleteと「提供・供給する」という意味のsupplyが合体した言葉で、従うことによって完全なものを提供する、あるいは完全なものになる、といったニュアンスが含まれていることになる。

●郷原信郎『コンプライアンス革命』、『「法令遵守」が日本を滅ぼす』、『企
　業法とコンプライアンス"法令遵守"から"社会的要請への適用"へ』

　「法令遵守」から脱却して「社的要請への適応」としてのコンプライアンスに転換すべきである。この課題に対処すべき次の5つの側面をフルセット・コンプライアンスと呼ぶこととする。

　①社会的要請を的確に把握し、それに応えていくための組織としての方針の明確化・具体化、②組織の明確化、③予防的コンプライアンス、④治療的コンプライアンス、⑤環境整備コンプライアンス

●長瀬佑志・斎藤雄祐『コンプライアンス実務ハンドブック』

　「コンプライアンス」とは、「法令遵守」と和訳されることがあり、これから「企業には法令（法律）を守ることが求められる」と解釈されることがあります。もちろん、これも誤りではありませんが、現在は、コンプライアンスの定義は「**法令等遵守**」とされ、より広義の意味、つまり、単なる法令遵守にとどまらず、法令を超えた社会規範や社会道徳、ステークホルダーの利益や要請に適うことまでも求められる概念と解釈されています。

（『人事院月報』のシリーズ「コンプライアンスを考える」での言及）

●浅見隆行「コンプライアンスを意識した危機管理広報の在り方」『人
　事院月報』2019年8月号

　コンプライアンスは、……世の中に浸透しています。その結果、世の中の多くの人たちが「社会的におかしいのではないか」と疑問視する事象もコンプライアンス違反と批判されるようになりました。法令遵守だけではなく世の中の人たちの期待や信頼に応えることまでがコンプライアンスの中に含まれている、と理解することが必要です。

● 中島茂「公務員とコンプライアンス 国民、住民の信頼を得るためになすべきこと」『人事院月報』2019年1月号

「コンプライアンス」の意味を再確認する。

コンプライアンスは、普通、「法令遵守」と訳されている。しかし、そう割り切ってしまうと、「コンプライアンス尊重」は単に「法令を守ろう」というだけの評語になってしまう。

コンプライアンスにはもっと深い意味がある。それは、「相手の期待に応える」という意味だ。コンプライアンス（compliance）は元々「comply」（応じる、合致する）から生じた言葉で、「相手の願いに応える」というのが本来的な意味だ（研究社英和中辞典参照）。「相手」とは、企業にとっては「消費者・従業員・社会・株主」である。国家公務員にとっては「国民」であり、地方公務員にとって普通地方公共団体の「住民」である。

● 松村邦子「『共生社会』のコンプライアンスとダイバーシティ～健全な組織づくりの視点から～」『人事院月報』2020年1月号

コンプライアンスとは、本来、法令遵守の基礎の上に、組織が社会からの要請に応えて、自らの使命と役割を積極的に実現するための取組である。また、社会の変化に伴う不確実性に対応し、組織や個人の安定を守るものでもある。

一人ひとりの心理的安定性が確保され、誇りを持って仕事ができることで、自律型人材が育つのではないだろうか。コンプライアンスのもう一つの側面として「組織にポジティブな影響をもたらすことができる」ことにも目を向けることが必要である。

● 久保利英明「公僕としての『志』を忘れることなかれ～社会適合性としての『コンプライアンス』に思いを致す～」『人事院月報』2020年4月号

「コンプライアンス」とは、組織を取り巻くリスクの最小化を目的とするリスクマネジメント手法の総称と位置づけられます。「コンプライアンス」という用語は、本来は力学分野のもので「外力に応じて柔軟にしなる可塑性」のことです。語源となった「comply」は「complete（完全な）」と「supply（提供する）」が合わさった言葉で、「完全なものを提供すること」です。これを踏まえ、現代用語としての「コンプライアンス」を書き下すと、「様々な要請を完全に受容すること」となり、さらに経営や組織運営の文脈で用いる際は、「組織が社会の現実的な要請に誠実に従うこと」となります。日本語にあえて訳すならば、「社会適合性」と言えます。

Q2 コンプライアンスが問題となった背景には、どんな事情があるのですか？

ここがポイント！

いわゆる企業不祥事以後、アメリカの用語を参照して用いられるようになった。
組織運営に関する考え方として、一般化するとともに、その意味は拡がり、また、公務組織についても用いられるようになっている。

■**解説**‥‥‥‥‥‥‥‥‥‥‥‥‥‥‥‥‥‥‥‥‥‥‥‥‥‥‥

　コンプライアンスという言葉は、2000年に発生した乳業会社の食中毒事件、自動車会社のリコール隠し事件以後、企業不祥事対策を考える中で使われるようになったといわれています。

　この語への着目については、グローバリズムの名の下に各方面で日本社会のアメリカ化が進められる中で、法令や契約を社会内の問題解決手段として最大限に使いこなすアメリカで「法令を守ること」という意味で使われるComplianceが、「法令遵守」という訳語と結びつけて使われるようになったと説明されます（郷原信郎『組織の思考が止まるとき―「法令遵守」から「ルールの創造」へ』）。なお、同書では、日本の社会における法令や司法の位置付けのアメリカとの違いが考慮されることなく、企業などの組織の取り組みとして重視されるようになり、「法令遵守」という意味のコンプライアンスが社会全体を覆い尽していくこととなったと論じられています。

　また、なぜコンプライアンスが求められるようになったのかについて、CSR（企業の社会的責任）の重視、無理な業績拡大や短期的利益の追求への反省、閉鎖的な意識への批判、法律解釈の変遷や法改正、継続的に対策を講じ続ける必要があることが挙げられています（長瀬佑志・斎藤雄祐『コンプライアンス実務ハンドブック』）。

Q3

コンプライアンス（の保持・推進）と不祥事（対策）とは、どんな関係があるのですか？

ここがポイント！

不祥事の防止・対策として、コンプライアンスの保持・推進が求められる。

■ 解説

　国語辞典（新村出編『広辞苑』（第7版））では、まず、「不祥」について、「①縁起の悪いこと。不吉なこと。」、「②災難。不運。」として、その派生語の「不祥事」を、「関係者にとって不名誉で好ましくない事柄・事件「—が起こる」」としています。

　谷口勇仁「コンプライアンス活動における管理職の役割」（『人事院月報』2018年8月号）では、「組織不祥事とは、「法律や社会規範から逸脱した組織行動により、社会的に批判を受け、責任を問われる事態」を指す。そして、コンプライアンスとは、狭義には、法律や社内規則を遵守することであり、広義には、社会規範を遵守することも含まれる。したがって、コンプライアンス活動の基本的な目的は、法律・規則・社会規範に反する個人の行動、すなわち非倫理的行動を防止することにある。組織不祥事を防止することは難しい。組織不祥事は露見して初めてその存在がわかるものであり、露見するまではその存在はわからない。」としています。

　なお、梅津光弘「コンプライアンスを考える—2018年と今後の課題」（『人事院月報』2019年2月号）では、「一口に不祥事と言っても、この言葉に学問的かつ明確な定義は存在しない。どちらかと言えばジャーナリスティックな概念であるといえる。そもそも全ての不法行為や非倫理的行為が発覚し白日のもとにサラされる訳ではない。」としています。いずれにせよ、地道なコンプライアンスの保持・推進が、不祥事防止につながるものといえます。

Q4

コンプライアンスに関して、法律などではどのように定められているのですか？

ここがポイント！

法令用語としては、必ずしも一般的な用語ではないが、法令の解釈、政策内容の前提として、公文書等でも用いられている。

■解説

　「コンプライアンス」の語は政府文書でも用いられています。例えば、2001年内閣府に「コンプライアンス検討委員会」が設けられています。具体的な政策として、公益通報者保護法、会社法による内部統制システムの構築義務、金融商品取引法などに反映されています。

　しかし、法令用語としては、法律・政令では「コンプライアンス」の語は現れず（e-Gov.検索、2021年5月現在）、省令レベルで1件（文部科学省組織規則（平成13年文部科学省令第1号））のみに見られます。なお、この用例も組織（官職）の名称の一部として用いられているものです。第44条第1項で私学部に置く「学校法人コンプライアンス対策専門官」が定められています。同条第7項では「学校法人コンプライアンス対策専門官は、参事官のつかさどる職務のうち文部科学大臣が所轄庁である学校法人の経営に関する法令等の遵守に係る専門的、技術的な指導及び助言に関するものを助ける。」とされています。

　自治体では、例えば、石巻市の条例（信頼される市政のためのコンプライアンス条例（平成18年3月24日条例第1号））の第2条(4)で「コンプライアンス　職員が、法令を遵守することを基本に、高い倫理観に基づき公務を遂行することをいう。」と定義されるなど、条例、規則等のタイトル、条文の用語等で用いられています。

☞【参考⑥】(P.27)、【参考⑦】(P.34)、Q17、Q18

Q5 公務員にとって、コンプライアンスはどんな意味があるのですか？

ここがポイント！

公務の特性とされる非営利性、公平・中立性、独占性、権力性を踏まえつつ、全体の奉仕者としての在り方が、問われることになる。

■ 解説 ....

人事院編『公務員の服務と倫理』（公務員研修教材 第3分冊）では、「公務の役割と特性」として、次のように整理しています。

非 営 利 性	公務の活動は、利潤の追求を第一義的な目的とはしておらず、その多くが金銭にはかえられない価値、例えば、治安の維持、生存の保護などを追求している。
公平・中立性	公務の活動は、同じ条件の者について取扱いが異なることはない。
独 占 性	公務の機関は、特定の公共の目的のために必要な数だけ設置されているため、競争状態にはなく独占的である。
権 力 性	公務の活動では、時にはある行為を規制、命令、禁止したりするほか、罰則、強制力をもって執行する。

そのような特性を踏まえつつ、「全体の奉仕者」であることが求められます。

なお、原田三朗『公務員倫理講義』では、公務における反倫理行為を類型化して、次の3つに分けています。

第1は、違法行為である。

第2は、違法行為といえないまでも、公務員の清廉性を疑わせるような行為である。利益相反やコンプライアンス違反など実際に犯したかどうかはともかく、そのような行為を疑わせるだけでも、公務組織への信頼を傷つけるには十分である。

第3には、不適切な行政判断による失敗に対し、アカウンタビリティが不十分のために、行政組織への信頼を失わせるような場合である。

Q6 公務員の服務規律とは、どんな関係があるのですか？

ここがポイント！

服務規律は、公務員制度の重要な内容の一つ。

公務員法では、国家・地方にほぼ共通する仕組みが設けられている。

内容としては、全体の奉仕者、職務専念義務、秘密保持義務等、特に、信用失墜行為の禁止。

■解説 ……………………………………………………………………

人事院『国家公務員プロフィール』では、次のように説明しています。

① 国民全体の奉仕者としての服務規律

国民全体の奉仕者としての服務規律

国家公務員は、国民全体の奉仕者として公共の利益のために勤務することから、民間企業の勤労者に比べて、より一層厳しい服務上の義務や制約が法律で規定されています。

服務上の義務

○服務の宣誓　　　　　　　　　　○秘密を守る義務
○法令及び上司の命令に従う義務　○職務に専念する義務
○争議行為等の禁止　　　　　　　○政治的行為の制限
○信用失墜行為の禁止　　　　　　○私企業からの隔離・他の事業又は事務
　　　　　　　　　　　　　　　　　の関与制限

これらの義務に違反すると、懲戒処分の対象となります。
また、秘密を守る義務に違反した場合などは刑事罰の対象にもなります。

② 標準的な処分量定の例

非違行為	免職	停職	減給	戒告
故意の秘密漏えい	●	●		
決裁文書の改ざん	●	●		
パワー・ハラスメントを行ったことにより、相手に著しい精神的又は身体的な苦痛を与えたもの		●	●	●
公金の横領	●			
酒酔い運転による人身事故	●			
部下職員が行った非行の隠ぺい、黙認		●	●	

☞【もう少しくわしく①】(P.10)

もう少しくわしく①

地公法で定める服務

服務とは、組織の構成員が組織との関係において基本的に守るべき規律や義務で、公務員については、その職務の特殊性から、民間企業などの勤労者とは異なった服務義務が課されています。

服務規定に違反した職員に対しては組織内部の制裁措置として、懲戒処分が、また、法律上刑事罰も規定されているものもあり、服務規律のより厳格な確保を図ることとされています。

(1) 服務の根本基準（第30条）

「すべて職員は、**全体の奉仕者**として公共の利益のために勤務し、且つ、職務の遂行に当つては、全力を挙げてこれに専念しなければならない。」とされています。

(2) 個々の服務規定

① 服務の宣誓（第31条）

職員は、条例の定めるところにより、服務の宣誓をしなければならないこととされています（第31条）。宣誓の内容として「全体の奉仕者」であることを確認するものが多く見られます。

② 法令等及び上司の職務上の命令に従う義務（第32条）

上司の職務上の命令については、権限のある上司（職員の職務上の直系の上位者として職員を指揮監督する権限を有する者）の発した命令で、命令を受ける職員の職務の範囲内に係るものであり、手続・内容に客観的に明白な違法性がないことが要件と解されています。職務命令に対して、職員から意見の申出や不満の表明をすることは認められますが、最終的な判断権は上司にあるとされます。

③ 信用失墜行為の禁止（第33条）

職員は、その職の信用を傷つけ、又は職員の職全体の不名誉となるような行為をしてはならないこととされています。

信用失墜行為は、職務に直接関係する信用失墜行為（例えば、業務上横領や、職権濫用等）はもちろん、職務に関連するもの（例えば、職務遂行中の暴言、飲食物等の供応の受領等）、さらには、職務と関連しないもの（休日での飲酒運転、常習賭博、勤務時間外の傷害事件等）も対象となります。

　コンプライアンス違反、ハラスメント行為を懲戒処分とする根拠としても、この条文が参照されます。そして、この条に違反することは、懲戒事由としての法令違反にも当たることになります。

④　秘密を守る義務（第34条）
　職員は、職務上知り得た秘密を漏らしてはならないこととされ、その職を退いた後も、また、同様と規定されています（第1項）。法令による証人等となり、職務上の秘密に属する事項を発表する場合には、任命権者（退職者については、相当する職の者）の許可を受けなければならないこととされ（第2項）、その許可は、法律に特別の定がある場合を除く外、拒むことができないこととされています（第3項）。
　ここでいう「秘密」は実質秘（実質的秘密、事柄の性質上、非公知性と秘匿の実益性を有する事柄）と解されています。なお、実質秘に当たらず、形式的に秘密と指定されたものを漏らした場合には、守秘義務違反とならないものの、職務命令違反とはなり得ます。
　なお、公益通報者保護法における「通報対象事実」とは、犯罪行為の事実等を指すものであり、一般的には、公益通報により、守秘義務違反に問われることはないものと考えられますが、公益通報者が、通報中に、犯罪行為の事実等の他に、職務上知り得た秘密を外部に漏らした場合には、当該秘密は「通報対象事実」に該当せず、守秘義務違反に該当する場合があると解されます。

⑤　職務に専念する義務（第35条）
　職員は、法律又は条例に特別の定がある場合を除く外、その勤務時間及び職務上の注意力のすべてをその職責遂行のために用い、当該地方公共団体がなすべき責を有する職務にのみ従事しなければならないこととされています。
　なお、懲戒事由の1つ（第29条第1項第2号）として、「職務上の義務に違反し、又は職務を怠った場合」が掲げられていますが、ここでいう「職務を怠った場合」とは、職務遂行上の義務違反までには至らないまでも、職務の遂行が不十分であったり、職責を十分に果たしていない場合をいうとされています。

⑥　政治的行為の制限（第36条）
・職員は、政党その他の政治的団体の結成に関与し、若しくはこれらの団体の役員となってはならず、又はこれらの団体の構成員となるように、若しくはならないように勧誘運動をしてはならないこととされています（第1項）。
・職員は、特定の政党その他の政治的団体又は特定の内閣若しくは地方公共

団体の執行機関を支持し、又はこれに反対する目的をもって、あるいは公の選挙又は投票において特定の人又は事件を支持し、又はこれに反対する目的をもって、次に掲げる政治的行為をしてはならないこととされています（ただし、当該職員の属する自治体の区域外では、第一号から第三号まで及び第五号の行為は可能。）（第2項）。

一　公の選挙又は投票において投票をするように、又はしないように勧誘運動をすること。

二　署名運動を企画し、又は主宰する等これに積極的に関与すること。

三　寄附金その他の金品の募集に関与すること。

四　文書又は図画を庁舎、事務所、施設等に掲示し、又は掲示させ、その他庁舎、施設、資材又は資金を利用し、又は利用させること。

五　前各号に定めるものを除く外、条例で定める政治的行為

・何人も前2項に規定する政治的行為を行うよう職員に求め、職員をそそのかし、若しくはあおってはならず、又は職員が前2項に規定する政治的行為をなし、若しくはなさないことに対する代償若しくは報復として、任用、職務、給与その他職員の地位に関してなんらかの利益若しくは不利益を与え、与えようと企て、若しくは約束してはならず（第3項）、それらの違法な行為に応じなかったことの故に不利益な取扱を受けることはないとされています（第4項）。

・この条の規定は、職員の政治的中立性を保障することにより、自治体の業務の公正な運営を確保するとともに職員の利益を保護することを目的とするものであるという趣旨で解釈され、及び運用されなければならないこととされています（第5項）。

⑦　争議行為等の禁止（第37条）

　職員は、地方公共団体の機関が代表する使用者としての住民に対して同盟罷業、怠業その他の争議行為をし、又は地方公共団体の機関の活動能率を低下させる怠業的行為をしてはならず、また、何人も、このような違法な行為を企て、又はその遂行を共謀し、そそのかし、若しくはあおってはならないこととされています（第1項）。

　そして、第1項の規定に違反する行為をした職員は、その行為の開始とともに、地方公共団体に対し、法令又は条例、地方公共団体の規則若しくは地方公共団体の機関の定める規程に基いて保有する任命上又は雇用上の権利をもって対抗することができなくなるものとするとされています（第2項）。

　争議行為の態様として、法律上は同盟罷業と怠業とを例示しています。同盟罷業とは、いわゆるストライキのことで、怠業とは、同じく複数の勤労者が共同で仕事や作業の能率を意識的に低下させる行為をいいます。また、怠

業的行為とは、職員が共同で政府の活動能率を低下させる行為であって、怠業とは相対的程度の差があるに過ぎません。

争議行為等の具体例としては、例えば、集団交渉（集団抗議）、庁舎内での座り込み、ピケッティング（ピケ）（庁舎の入口などでの始業を阻止等）などがあげられます。

争議行為への関与の形態としては、単純な参加、積極的関与、指導的役割の他、あおり行為等（企画、共謀、そそのかし、あおり）も禁止されています。

争議行為等の違反者のうち、単に参加した者は行政処分として懲戒処分の対象となるにとどまりますが、違法な争議行為の遂行を共謀し、そそのかし、若しくはあおり、又はこれらの行為を企てた者は、単なる争議行為等への参加者と比較した場合、その社会的責任は重いことから、刑事罰が適用されます。

⑧ 営利企業への従事等の制限（第38条）

職員は、任命権者の許可を受けなければ営利企業（商業、工業又は金融業その他営利を目的とする私企業）を営むことを目的とする会社その他の団体の役員その他人事委員会規則（人事委員会を置かない自治体では、自治体の規則）で定める地位を兼ね、若しくは自ら営利企業を営み、又は報酬を得ていかなる事業若しくは事務にも従事してはならないこととされています（第1項）。人事委員会は、人事委員会規則により前項の場合における任命権者の許可の基準を定めることができることとされています（第2項）。

職員が兼業することによって、全体の奉仕者という公務員の基本的性格と矛盾しないようにするとともに、職務遂行をおろそかにしたり、兼業する営利企業との間に利害関係が生じ、職務の公正な運営が阻害され、その結果として公務の信用が損なわれることを防止することを目的としています。許可を検討するに当たっては「公正さが阻害されないか、その疑念が生じないか」が問題となります。

Q7

昔からいわれる「綱紀粛正」とは、どんな関係があるのですか？

ここがポイント！

不祥事が続発した状況などで綱紀粛正を求める通知等が発出される。内容として、全体の奉仕者性の確認、体制の整備、研修の強化などが求められる。

■解説 ·····

　不祥事が社会の批判を受ける事態が生じると、その都度、「綱紀の粛正」を求める通知が発出されました。通知では、次のような文章に続けて、公務員倫理の確立や適正な行政執行体制の実現等が求められています。それにもかかわらず、残念ながら不祥事の「根絶」「撲滅」に至っていないところに、この問題の難しさがうかがわれます。

> 　地方公務員の綱紀・服務規律の確保については、かねてから法令に基づいて厳正に行なうよう要請しているところであるが、最近報ぜられるところによると、公務員による不祥事件が目立ち、…（中略）…、地方公共団体および地方公務員全体の信用と品位を失墜するものであるとともに、特にその職務に関して行なわれる犯罪は、…、まことに遺憾にたえないところである。（「地方公務員の綱紀粛正および服務規律の確保について」（昭和42年10月6日、自治公一第50号））

> 　国民の理解や信頼の下、地方分権を一層推進していこうとする中にあって、一部の地方公共団体とはいえこのような不祥事件が起こっていることは、誠にゆゆしき事態である。…、これまでも職員の綱紀粛正について数々努力していることは承知しているが、一連の不祥事件を地方公共団体全体の信頼に関わる重大な問題と認識していただく必要があると考える。（「地方行政及び地方公務員に対する信頼の回復について」（平成18年11月7日総行公第75号））

☞【参考②】（P.15）

【参考②】

繰り返された綱紀粛正の要請

（古く17条憲法から昭和50年代までカバーする横溝光暉『行政道の研究』、戦後平成10年代までをまとめた原田三朗『公務員倫理講義』、自治体職員の食糧費等についてまとめた植松永次「地方公務員の綱紀粛正について」『地方公務員月報』1997年1月号などで通知の文章が紹介されています。）

　我が国の近代化の中、明治15年太政官達第44号「行政官吏服務紀律」で、「職務の内外を論ぜず廉恥を励ますことを務むべし」（第3条）、「機密を漏洩することを得ずその職を退くの後においてもまた同様たるべし」（第4条）などの規定が設けられていました。その後、明治20年7月30日勅令39号「官吏服務紀律」が制定されました。なお、明治44年9月22日内務省令16号「市町村吏員服務紀律」では、利害関係者からの接待を禁じる規定も含まれていました（「工事請負、金銭出納、補助金、市町村より利益を得る者と直接に関係の職務に有る吏員饗燕を受けることを得ず」（第5条））。

　内閣制度創設時の明治18年詔勅（いわゆる政綱5章）の中でも「規律を厳にする事」が掲げられましたが、その後も不祥事発生に対する「綱紀の粛正」の通知が、繰り返し発出されていました。

　戦後、公務員が「全体の奉仕者」として位置づけられてからも、不祥事が社会的に批判を受ける状況になるたびに繰り返し、通知等が発出されました。Q7では、「地方公務員の綱紀粛正および服務規律の確保について」（昭和42年10月6日、自治公一第50号）、「地方行政及び地方公務員に対する信頼の回復について」（平成18年11月7日総行公第75号）の一部を引用しました。

　その他、「地方公務員の綱紀の粛正について」（昭和44年3月24日、自治公一第10号）では、それまでの措置および今後の方策等について報告を求め、具体的措置等として、「国および地方公共団体における綱紀粛正のための具体的措置等について」（昭和44年7月12日自治公一第17号）で、①公務員倫理の確立、服務規律の確保のための措置（職場研修の強化、充実、拡充等）、②不祥事件を防止する為の措置（基準の確立等）、③責任体制の整備、確立のための措置（責任所在の一層の明確化等）及び④勤労意欲向上のための措置（表彰制度の再検討等）としてまとめて示されました。

　その後も、「地方行政及び地方公務員に対する信頼の回復と服務規律の確保について」（平成19年10月2日総行公第81号）等が、また、それぞれの自治体で通知などが発出されています。

Q8

コンプライアンスと公務員倫理とは、どんな関係があるのですか？

ここがポイント！

コンプライアンスは組織運営の在り方に着目し、公務員倫理は組織の構成員一人ひとりの行動・報告の基準を定めている。
ともに、住民の不信・疑念を起こさず、さらに住民の要請・期待に応じる行政を目指すものである。

■ 解説 ……………………………………………………………

　狭い意味では、コンプライアンスは法令を遵守すること、公務員倫理はしてはならないことをしないことですが、より広い意味で、コンプライアンスについては社会的要請に適合すること、公務員倫理についてはすべきことの実現を含んで解されるようになっています。

　想定する主体として、コンプライアンスは組織（企業や行政機関、自治体）に着目し、公務員倫理は、その語が示すとおり、「公務員」の倫理についての職員の行動・報告の基準を定めるものです。

　どちらも全体として、**住民の不信・疑念を起こさず、さらに住民の要請・期待に応じる行政を目指す**もので、自治体の条例などの名称でも倫理を含めたコンプライアンスの語で用いることもあります（不正な関与の防止、公益通報を併せて用いるものも少なくありません。）。

　なお、「倫理」は個々人の心の内面の問題で、法律で規制するものではないという考え方もありますが、法令用語として定着してきています。他方、個々人の内面に関する「道徳」は、国語事典（『広辞苑』（第7版））では、「人のふみおこなうべき道。ある社会で、その成員の社会に対する、あるいは成員相互間の行為の善悪を判断する基準として、一般に承認されている規範の総体。法律のような外面的強制力や適法性を伴うものではなく、個人の内面的な原理」とされています。

☞Q1、Q15、【参考⑧】（P.38）

【参考③】

倫理学と公務員倫理

　「倫理」について、国語事典（新村出編『広辞苑』（第7版））では、出典が『礼記』にあることを示して、「①人倫のみち。実際道徳の規範となる原理。道徳。②倫理学の略。」とし、次いで、「倫理学」について「（ethicsに井上哲次郎が当てた訳語）人格的・規範的・社会的存在としての人間の価値や行為、また相互の規範・原理を考究する学問。倫理の原理に関しては、これをア・プリオリな永遠不変のものとみるプラトンやカントの立場と、これを習俗や社会的含意による歴史的発展的なものとみるアリストテレスや近現代の英米系の倫理思想の多くのような多胎場がある。道徳哲学。」としています。

　倫理学と公務員倫理について、参考となるのは、中谷常二「公務員倫理を考える〜倫理的な組織風土構築のために〜」『人事院月報』2016年3月号の次の説明です。

　倫理学とは哲学の一分野であり、善悪について哲学的に考える学問といえる。「倫理」と同様の意味を持つ言葉に「道徳」がある。この二つの言葉を定義すると、道徳は「歴史的に吟味されてきた、社会一般に正しいと承認されてきた規範」と定義できる。それゆえ小学校の道徳の授業では「友達を殴ってはいけない」などのその社会や文化の中で皆が正しいと認めてきた規範が教えられている。これに対し、倫理は「批判的で自覚的な鋭さを持っており、様々な主義主張からよりよい善を追求すること」と定義できる。「これは本当に正しいことか」と批判的に問いかけ、より鋭く自覚を持って考えることが倫理のそもそもの意味といえる。

　公務員倫理というと、国家公務員倫理法がイメージされることが多い。しかし先に述べた倫理の定義からすれば、倫理法のようなルールを単に守ることだけでなく、よりよい善を探求することが必要といえる。

　歴史上では奴隷制や婦人参政権、労働法制などにおいて過去に常識と思われていた悪弊の過ちが明らかになり、改善されてきた。近年ではセクハラの概念について我々が正に生きている時代に常識が変わり、改善されている。我々が当たり前に正しいと思っていることさえも正しくないかもしれないという批判的な思考を基にするそもそもの倫理の意味する問いかけが公務員倫理についても必要といえよう。

Q9

国家公務員について定められた公務員倫理の制度は、どのようなものですか？

ここがポイント！

法は大枠として、行為のルールと報告のルールについて定める。
規程では、5項目の行動規準（法の3原則＋規程を加えた2規準）と利害関係者と禁止行為の類型について規定している。

■解説 ··

『国家公務員プロフィール』（人事院HP所収）では、次のように図示されています。

●倫理保持のための仕組み

●倫理行動規準

○国民全体の奉仕者であることを自覚し、公正な職務執行に当たること
○職務や地位を私的利益のために用いないこと
○国民の疑惑や不信を招くような行為をしないこと
○公共の利益の増進を目指し、全力を挙げて職務に取り組むこと
○勤務時間外でも、公務の信用への影響を認識して行動すること

●行動のルールの概要

「利害関係者」（許認可の申請者、契約の相手方等）との間で以下の行為が禁止されています。
○金銭・物品等の贈与を受けること
○金銭の貸付けを受けること
○車による送迎等を受けること
○飲食の提供等の接待を受けること（自己の費用を負担して共に飲食することは可能）
○共に遊技・ゴルフや旅行をすること　　など
「利害関係者」以外の者との間でも、社会通念上相当と認められる程度を超えて供応接待等を受けることが禁止されています。

●報告のルールの概要

職員の役職段階に応じて3種類の報告が義務付けられ、倫理審査会は職務の執行の公正さの観点から、送付された報告書の審査を行っています。
①贈与等の報告（本省課長補佐級以上の職員　5千円を超える贈与等）
②株取引等の報告（本省審議官級以上の職員）
③所得等の報告（前年一年間を通じて本省　審議官級以上の職員）

【参考④】

倫理法・倫理規程の生い立ち

　立法に至った経緯・状況説明を丁寧に記しつつ簡潔にまとめた『人事院月報』 2019年12月号「国家公務員倫理審査会の20年と今後の展望」をもとに整理すると、次のようになります。

(1)　幹部職員による不祥事

　1990年代に入り、日本経済をめぐる情勢が厳しくなる中で、幹部公務員を中心に深刻な不祥事が続発し、かつてないほど厳しい社会的批判を招くこととなりました。平成7年、大蔵省（当時）幹部職員が経営破綻した元信用金庫理事長等から過剰な接待を受けていた事案が、翌平成8年には、通商産業省（当時）幹部職員が所得税法違反で起訴された企業から飲食やゴルフの接待を受けていた事案や、厚生省（当時）の元幹部職員が社会福祉法人代表から補助金交付等に関する有利な取り計らいを受けることに対する謝礼として現金を受領したこと等により逮捕された事案が起こりました。

(2)　公務部内での取組

　公務員の綱紀粛正については、これら不祥事が生じる以前も、累次の閣議決定等に基づく通知により徹底が図られていましたが、公務全体の信頼を揺るがす深刻な問題が続発したことを契機として、政府全体として国民の信頼を回復するため、平成8年12月、事務次官等会議における申合せに基づき、各府省において、それぞれ訓令により公務員倫理規程が制定されました。

　この訓令では、主に関係業者等との接触に関する規制（接待の禁止、金銭・物品等の贈与の禁止等）、違反に対する処分や実行を担保するための体制整備などについて規定されました。

(3)　止まなかった不祥事と法律制定への動き

　しかしながら、その後も平成10年、大蔵省（当時）の幹部職員を含む多数の公務員が、金融機関から、検査期日の漏洩などの便宜を図ることに対する謝礼として飲食、ゴルフなどの接待を受けていたこと等により逮捕される事案が起こりました。

　こうした事態を受け、政府は、平成10年2月、公務員倫理問題に関する法制化などの検討のために検討会を設置しました。一方各政党においても同様に公務員倫理法制定に向けた取組が行われ、4会派及び与党3党のそれぞれから法案が提出され、最終的には、与党提出の法案を基に各政党間の協議を経て新たに起草された「国家公務員倫理法案」が国会に提出され、平成11年8月に可決・成立し、公布されました。

⑷　法律の施行と国家公務員倫理審査会の発足

　法律の全面施行は平成12年4月とされましたが、施行に向けた準備を行うため、国家公務員倫理審査会に関する規定は公布の日から施行され、平成11年12月3日、人事院に倫理審査会が置かれました。

⑸　倫理規程の制定

　倫理法は、公務員の行動規範に関する定めとしては倫理原則を定めるにとどまっており、具体的に規制される行為は政令である倫理規程に委ねられました。倫理審査会は平成12年2月、内閣に対して倫理規程制定に関する意見の申出を行いました。これを受けて翌月に倫理規程が閣議決定され、平成12年4月から施行されました。

⑹　倫理規程の改正

　倫理規程の附則第2条では、施行5年以内に、施行状況等を検討し、改正の必要があれば内閣に対して意見の申出を行うこととされていました。

　平成17年2月の意見の申出に基づき、同年4月、倫理規程が改正され、監修料の取扱いの適正化や、倫理法等違反に関する虚偽申述・隠蔽・黙認が禁止されました。一方で、公務員が過度に萎縮することなく、利害関係者との間においても、職務遂行上必要な情報収集や意見交換などを行いやすくすることにより、国民の期待に応える行政の実現に資するよう、規制基準の簡明化が行われました。具体的には、従前は倫理監督官による許可制であった利害関係者との飲食について、自己の飲食に関する費用を負担すれば飲食できる（費用が1万円を超える場合には届出が必要）こととなりました。

　なお、『人事院月報』（2015年4月号）小川元「国家公務員倫理法：立法までの経緯を振り返って～平成26年度公務員倫理に関する講演会～」は、制定に携わった講演者の「べからず」でなく「すべき」を志向した思いが述べられています。また、古川貞二郎「倫理法・倫理規程施行15周年に寄せて」では、行政部内での自浄作用の限界に対する無念さが述懐されています。

　論稿として、下井康史「行政法における公務員倫理法の位置づけ」『日本労働研究雑誌』2007年8月号及び同論文が注記した参考文献が、また、実務者による立法経緯についての詳細な解説として、合田秀樹「国家公務員倫理法の制定経緯」『人事行政の窓』（2006年2月）があります。

【参考⑤】

倫理法・倫理規程の概要

● 「国家公務員倫理法（平成11年法律第129号）の概要」（人事院HP掲載を基に編集）

(1) **職員が遵守すべき職務に係る倫理原則**

○国民全体の奉仕者であることを自覚し、公正な職務執行に当たらなければならない。

○職務や地位を私的利益のために用いてはならない。

○国民の疑惑や不信を招くような行為をしてはならない。

(2) **国家公務員倫理規程**

○内閣は、国家公務員倫理審査会の意見に基づき、国家公務員倫理規程（政令）を制定。

○倫理規程には、職員の職務に利害関係を有する者からの贈与等の禁止及び制限等、職員の職務に利害関係を有する者との接触その他国民の疑惑や不信を招くような行為の防止に関し、職員の遵守すべき事項が含まれていなければならない。

(3) **贈与等の報告及び閲覧**

○本省課長補佐級以上の職員は、事業者等から1件5千円を超える贈与等又は報酬の支払を受けたときは、贈与等報告書を各省各庁の長等に提出。何人も、1件2万円を超える部分の閲覧を請求可能。

○本省審議官級以上の職員は、株取引等報告書及び所得等報告書を各省各庁の長等に提出。

(4) **国家公務員倫理審査会**

○人事院に、国家公務員倫理審査会を設置。審査会は、会長及び委員4人で組織。

○審査会は、倫理規程の制定・改廃に関する意見の申出、倫理法等違反の場合の懲戒処分の基準の作成・変更、倫理保持に関する事項の調査研究・企画、倫理保持のための研修の総合的企画・調整、倫理規程遵守のための体制整備に関する各省各庁の長等への指導・助言、各種報告書の審査、倫理法等違反の疑いがある場合の調査・懲戒の手続の実施、懲戒処分の承認等を所掌。

(5) **倫理監督官**

○各行政機関等に、倫理監督官を設置。

○倫理監督官は、職員に対する倫理保持に関する指導・助言、倫理保持のための体制整備を行う。

(6) 雑 則

○地方公共団体等は、国の施策に準じて、地方公務員の倫理保持のために必要な施策を講ずるよう努めなければならない。

● 「国家公務員倫理規程（平成12年政令第101号）の概要」（人事院HP掲載を基に編集）

(1) 倫理行動規準 （倫理法が定める3原則に、2項目を加えた行動規準）

○国民全体の奉仕者であることを自覚し、公正な職務執行に当たらなければならない。

○職務や地位を私的利益のために用いてはならない。

○国民の疑惑や不信を招くような行為をしてはならない。

○公共の利益の増進を目指し、全力で職務遂行に取り組まなければならない。

○勤務時間外も自らの行動が公務の信用に影響を与えることを常に認識して行動しなければならない。

(2) 利害関係者

○職員が職務として携わる次の事務の相手方をいう。

　許認可等、補助金等の交付、立入検査・監査・監察、不利益処分、行政指導、事業の発達・改善・調整、契約、予算・級別定数・定員の査定

○過去3年間の官職の利害関係者や、職員にその影響力を行使させることにより自己の利益を図るために接触していることが明らかな他の職員の利害関係者も、利害関係者とみなす。

(3) 禁止行為

○次の行為を行ってはならない。

　・利害関係者から金品等の贈与を受けること。

　・利害関係者から金銭の貸付けを受けること。

　・利害関係者から無償で物品等の貸付けや役務の提供を受けること。

　・利害関係者から未公開株式を譲り受けること。

　・利害関係者から供応接待を受けること。

　・利害関係者と共に遊技・ゴルフや旅行をすること。

　・利害関係者に要求して第三者に対して上記の行為をさせること。

　例外（利害関係者に要求して第三者に対してさせる場合を除く）

　・広く一般に配布するための宣伝用物品、記念品の贈与を受けること。

　・多数の者が出席する立食パーティーにおいて、記念品の贈与を受けること。

　・職務上の訪問の際に、利害関係者から提供される物品を使用すること。

　・職務上の訪問の際に、利害関係者から提供される自動車（当該利害関係者が業務等で日常的に利用しているものに限る）を利用すること（周囲

の交通事情等から相当と認められる場合に限る）。

・職務上の会議その他の会合において、茶菓の提供を受けること。

・多数の者が出席する立食パーティーにおいて、飲食物の提供を受けること。

・職務上の会議において、簡素な飲食物の提供を受けること。

⑷　**禁止行為の例外**

○私的な関係がある利害関係者との間では、公正な職務執行に対する国民の疑惑や不信を招くおそれがない場合に限り、禁止行為（利害関係者に要求して第三者に対してさせる場合を除く）を行うことができる。

⑸　**利害関係者以外の者等との間における禁止行為**

○利害関係者に該当しない事業者等から、社会通念上相当と認められる程度を超えて供応接待又は財産上の利益の供与を受けてはならない。

○いわゆるつけ回しをしてはならない。

⑹　**特定の書籍等（国の補助金等や費用で作成される書籍等、国が過半数を買い入れる書籍等）の監修等に対する報酬の受領の禁止**

⑺　**職員の職務に係る倫理の保持を阻害する行為等の禁止**

○他の職員が倫理規程違反の行為によって得た財産上の利益であることを知りながら、これを受け取り、又は享受してはならない。

○管理職員は、部下が倫理法等違反行為を行った疑いがあると思料するに足りる事実を黙認してはならない。

⑻　**利害関係者と共に飲食をする場合の届出**

○自己で費用を負担するか、利害関係者以外の第三者が費用を負担して、利害関係者と共に飲食をする場合に、自己の費用が1万円を超えるときは、あらかじめ倫理監督官に届け出なければならない。

⑼　**講演等に関する規制**

○利害関係者からの依頼に応じて報酬を受けて、講演等をしようとする場合は、あらかじめ倫理監督官の承認を得なければならない。

⑽　**倫理監督官への相談**

⑾　**各省各庁の長等、倫理監督官の責務**

Q10 倫理法は地方公務員に関係がありますか？

ここがポイント！

倫理法の中で、自治体の努力義務規定が設けられている。

■解説 ……………………………………………………………

公務員倫理について、国家公務員倫理法（平成11年8月13日 法律第129号）が制定されています。

法律の名前が「国家公務員」となっているため、一見自治体には関係がないように思われますが、実は、この法律の第43条で、「地方公共団体等の講ずる施策」の規定があります。

条文は次のとおりです。

> （地方公共団体等の講ずる施策）
> **第43条** 地方公共団体及び地方独立行政法人法（平成15年法律第118号）第2条第2項に規定する特定地方独立行政法人は、この法律の規定に基づく国及び行政執行法人の施策に準じて、地方公務員の職務に係る倫理の保持のために必要な施策を講ずるよう努めなければならない。

国の公務員に「**準じて**」、「**必要な措置**」を講ずるよう「**努めなければならない**」とするにとどまっていますが、国家公務員倫理法・国家公務員倫理規程（政令）に相当する内容を条例、規則等で定める自治体もみられます。また、自治体独自に冊子作成、研修などを通じて倫理保持、倫理観向上のための取組を積極的に行っている自治体もあります。

Q11

地方公務員にとってのコンプライアンス・倫理の意味はなんですか？

ここがポイント！

国・地方に共通する公務の特性に加えて、地方自治の本旨、住民との身近さを考慮することが求められる。公務執行の公正さに疑念・不信が生じることがないようにしつつ、住民のニーズに的確に対応していくことが望まれる。

■**解説** ………………………………………………………

　公務員については、公務の特殊性（非営利性、公平・中立性、独占性、権力性）を踏まえたコンプライアンスの保持が期待されます（☞Q5）が、自治体職員については、さらに、職務遂行に当たっての住民との身近さを考慮することが求められます。

　地公法は、その目的として、国家公務員と同様、自治体行政の「**民主的かつ能率的運営の実現を保障する**」ことが掲げられますが、さらに、「**もって地方自治の本旨の実現に資する**」ことが規定されています（第1条）。「地方自治の本旨」は日本国憲法第92条でも規定され、自治体の組織及び運営に関する基本事項は地方自治法が定められています。自治体の職員についての基本を定める地公法においても、地方自治の本旨の理念が基礎とされます。

　地方自治の本旨は、住民自治・団体自治の両面を持ち、特に平成時代を中心に進められたいわゆる地方分権改革では、自治体の自主的・自立的運営の重視が確認・推進されています。その中で、住民へのサービスを行う自治体職員には、同じく憲法が規定する「**全体の奉仕者**」であると共に、**より身近な行政を行う者として、公務執行の公正さに疑念・不信が生じることがないようにしつつ、住民のニーズへの的確な対応**が望まれます。

Q12

地方公務員のコンプライアンス・倫理を条例によって定めることはできますか？

ここがポイント！

倫理法に対応した条例を定める自治体もある。コンプライアンスの確保・推進を内容に加えた条例などもある。

■ 解説

倫理法の規定する努力義務規定に対応して、条例を制定している自治体があります（多くの自治体では、規則、要綱等によって定めています。）。いくつかの代表的な条例として、次のものがあります。

・**北海道職員の公務員倫理に関する条例**（平成9年4月3日条例第9号）は、国に先行して定められた条例で、不祥事再発防止に関する前文も定められています。国家公務員倫理法制定に合わせて、平成11年に所要の改正が加えられています。

・**神奈川県職員等不祥事防止対策条例**（平成19年10月19日条例第43号）は、題名に「不祥事防止対策」を掲げた先行的な条例です。なお、条例に基づき「職員行動指針」が策定されています（**Q14**参照）。

・**近江八幡市コンプライアンス条例**（平成22年7月31日条例第233号）は、コンプライアンスに関する先行的な条例です。市町村合併に伴い当初の条例（平成13年3月28日公布）を引き継ぎ、また、公益通報に関する規定を加えています。

・**信頼される市政のためのコンプライアンス条例（石巻市）**（平成18年3月24日条例第1号）は、コンプライアンスの定義、公益通報に関する規定を含んでいます。

・**小樽市職員倫理条例**（平成24年3月15日条例第1号）は、コンプライアンスの定義に高い倫理観を持つことを含んでいます。

☞ **Q1**、**【参考⑥】**（P.27）

【参考⑥】

自治体の条例

（前文、目的、条文見出し、定義等を抄録）

●北海道職員の公務員倫理に関する条例（平成9年4月3日条例第9号）（抄）

すべて公務員は、全体の奉仕者として公共の利益のために全力を挙げて職務に専念する義務を負い、地域住民の福祉の増進を図る使命を有している。

しかしながら、道においては、不正な予算執行などにより道民の道行政に対する信頼を損ねる事態を招くに至った。

職員は、この事態を深く反省し、再びこのようなことが生ずることのないよう、公務員倫理の高揚に努めるとともに、一層その職務に専念することにより、道民との信頼関係を築き上げていかなければならない。

このようなことから、職員の公務員としての自覚を促し、公務に対する信頼の確保を図り、道行政の健全な発展に資するため、この条例を制定する。

　第1章　総則

第1条（目的）

この条例は、職員が職務を遂行するに当たって、常に自覚しなければならない公務員倫理の確立及び保持に関し必要な事項を定めることにより、道民の不信を招くような行為を防止し、もって公務に対する信頼の確保を図ることを目的とする。

第2条（定義等）

第3条（公務員倫理の高揚）

職員は、自らの行動が常に公務の信用に影響を及ぼすことを深く認識し、自らを厳しく律するとともに、道民から信頼される職員となるよう不断に公務員としての倫理の高揚に努めなければならない。

第4条（全体の奉仕者であることの自覚）・**第5条**（公務の民主的かつ能率的な運営の確保）・**第6条**（法令の遵守と信用の保持）・**第7条**（服務上の義務の遵守）・**第8条**（管理監督者の責務）・**第9条**（任命権者の責務）・**第10条**（議会報告）

　第2章　公務員倫理保持のための原則及び公務員倫理規則等

第11条（公務員倫理保持のため職員が遵守すべき原則）

職員は、職務上知り得た情報について道民の一部に対してのみ有利な取扱いをする等道民に対し不当な差別的取扱いをしてはならず、常に公正な職務の執行に当たらなければならない。

2　職員は、常に公私の別を明らかにし、いやしくもその職務や地位を自らや自らの属する組織のための私的利益のために用いてはならない。

3 職員は、法律又は条例により与えられた権限の行使に当たっては、当該権限の行使の対象となる者からの贈与等を受けること等の道民の疑惑や不信を招くような行為をしてはならない。

第12条（公務員倫理規則等）

知事は、前条に掲げる原則を踏まえ、職員（規則で定める者を除く。以下同じ。）の公務員倫理の保持を図るために必要な事項に関する規則（以下「公務員倫理規則」という。）を定めるものとする。この場合において、公務員倫理規則には、職員の職務に利害関係を有する者からの贈与等の禁止及び制限等職員の職務に利害関係を有する者との接触その他道民の疑惑や不信を招くような行為の防止に関し職員の遵守すべき事項が含まれていなければならない。

2 知事は、公務員倫理規則の制定又は改廃に際しては、人事委員会の意見を聴かなければならない。

3 任命権者は、人事委員会の意見を聴いて、それぞれ職員の公務員倫理に関する規程を定めることができる。

　　第3章　贈与等の報告等及び公開

第13条（贈与等の報告）・**第14条**（株取引等の報告）・**第15条**（所得等の報告）・**第16条**（報告書の保存及び閲覧）・**第16条の2**（情報通信の技術の利用）

　　第4章　公務員倫理の保持に関する人事委員会の権限（**第17条**）

　　第5章　公務員倫理を監督する職員　（**第18条**）

　　第6章　雑則

第19条（任命権者による懲戒処分の概要の公表）・**第20条**（特別職職員に関する特例）・**第21条**（企業職員等に関する特例）・**第22条**（規則への委任）

　　附　則

● **神奈川県職員等不祥事防止対策条例**（平成19年10月19日条例第43号）（抄）

第1条（目的）

この条例は、職員等が県民全体の奉仕者であって、県政が県民の負託に基づいて推進されるものであることにかんがみ、県が不祥事を防止するため必要な措置を講ずることにより、職員等の倫理の保持及び公正な職務の遂行を図り、もって県政に対する県民の信頼を確保することを目的とする。

第2条（定義）　1～2　略

3 この条例において「不祥事」とは、職員等が次の各号のいずれかに該当する行為を行うことをいう。

　⑴ 法令等（法律、法律に基づく命令、条例及び規則（地方自治法（昭和

22年法律第67号）第138条の4第2項に規定する規程その他の知事以外
の県の機関の定める規則又は規程を含む。）をいう。以下同じ。）に違反
する行為
　(2)　職務上の義務に違反し、又は職務を怠る行為
　(3)　県民全体の奉仕者たるにふさわしくない非行
　(4)　その他職務の遂行の公正さに対する県民の疑惑や不信を招くような行為
第3条（指針）・**第4条**（研修）・**第5条**（点検）・**第6条**（内部通報）・**第7条**（職
務の公正な遂行を妨げる働きかけへの対応）・**第8条**（その他の措置）・**第9
条**（神奈川県職員等不祥事防止対策協議会への諮問）・**第10条**（実施状況の
公表）
　附　　則

●近江八幡市コンプライアンス条例（平成22年7月31日条例第233号）（抄）

　第1章　総則
第1条（目的）
　この条例は、市政が市民の厳粛な信託によるものであることを認識し、本
市職員が職務を遂行するに当たっての法令遵守体制に関して必要な事項を定
めるとともに、公正な職務の遂行を確保するために必要な措置を講じること
により、公務に対する市民の信頼を確保し、市民と共に公正かつ民主的な市
政の運営に資することを目的とする。
第2条（定義）
第3条（基本的心構え）
　職員は、全体の奉仕者であることを深く自覚し、市民から信頼される職員
となるよう不断に公務員としての資質の向上に努めるとともに、常に公共の
利益の増進を目指して公正な職務の遂行に当たらなければならない。
2　職員は、職務の遂行に当たっては、市政が市民の信託によるものである
　ことを認識し、法令遵守の姿勢のもと、市民に対して業務についての十分
　な説明を行い、理解を得るよう努めなければならない。
3　職員は、提供することにより、公正な職務の遂行を損なうおそれのある
　情報又は公正な市政の運営に不当な影響を及ぼすおそれのある情報を除
　き、積極的に情報を提供しなければならない。
第4条（職員の責務）
　職員は、職務の遂行に当たっては、常に業務内容の説明ができるよう整理
しておかなければならない。
2　職員は、違法又は第7条第2項に規定する公正な職務の遂行を損なうおそ
　れのある行為（不作為を含む。以下同じ。）を求める要求があったときは、
　これを拒否しなければならない。

3　職員（この項において市長を除く。）は、前項の行為を求める要求又は第7条第2項に規定する暴力行為等社会常識を逸脱した手段により要求の実現を図る行為があったときは、直ちに規則で定める上司及び所属長（以下「上司等」という。）に報告し、又は要求の行為を行う者が上司等の場合は、その要求を撤回させるために、公益通報その他の方法により適切な対応をしなければならない。

第5条（管理監督者の責務）

第6条（任命権者の責務）

任命権者は、行政施策の説明、公正な職務の遂行の確保及び正当な公益通報者の保護並びに法令遵守体制の確立に資するよう、職員研修を実施し、事業者等への指導啓発を行い、職員の遵守すべき事項を定めるとともに、庁内体制の整備等必要な措置を講じるものとする。

第7条（市民等の責務）

市民は、自らが地方公共団体を構成する一員であることを深く自覚し、常に市政の運営に関心を払うことによって、公正かつ適正な手続による行政運営の確保に積極的な役割を果たすよう努めるものとする。

2　何人も、職員及び特別職の職員に対して、公正な職務の遂行を損なうおそれのある行為を求め、暴力行為等社会常識を逸脱した手段により要求の実現を図る行為をしてはならない。

第8条（事業者等の責務）

　　第2章　公益通報

第9条（公益通報）・**第10条**（公益通報者の保護）

　　第3章　コンプライアンス委員会

第11条（コンプライアンス委員会の設置）・**第12条**（公益通報に係る委員会の任務）・**第13条**（不当要求行為等に係る委員会の任務）・**第14条**（その他委員会の任務）

　　第4章　措置・警告等（**第15条**・**第16条**）

　　第5章　補則（**第17条**）

付　則

● **信頼される市政のためのコンプライアンス条例（石巻市）（平成18年3月24日条例第1号）**

平成17年4月1日合併により、新しく誕生した石巻市には、これまで以上に公平かつ公正で市民に分かりやすい市政運営に努め、市政への市民の理解と信頼を高めることが求められています。

新しい石巻市は、コンプライアンス体制を整備することにより、公正な職務の遂行を確保し、市民に信頼される市政を確立するため、この条例を制定

します。

　郷土を愛する心と高い倫理観に基づき、より一層質の高い行政サービスを市民に提供できる市政の確立を目指します。

　　第1章　総則

第1条（目的）

　この条例は、市政が市民の厳粛な信託によることを認識し、職員が公務を遂行するに当たってのコンプライアンス体制に関して必要な事項を定めるとともに、職員の公正な職務の遂行を確保し、倫理を保持するために必要な措置を講ずることにより、公務に対する市民の信頼を確保し、市民とともに公平かつ公正な市政の運営に資することを目的とする。

第2条（定義）　(1)～(3)　略

　(4)　コンプライアンス　職員が、法令を遵守することを基本に、高い倫理観に基づき公務を遂行することをいう。

　(5)　不当要求行為等　違法若しくは公正な職務の遂行を損なうおそれのある行為又は暴力行為等社会通念上相当と認められる範囲を逸脱した手段により要求の実現を図る行為であって規則で定めるものをいう。

　(6)　公益通報　公益を守るために、職員が知り得た市政運営に関する違法行為又は違法のおそれのある行為について通報することをいう。

第3条（職員の基本的心構え）

　職員は、市民全体の奉仕者であることを自覚し、市民から信頼される職員となるよう倫理意識の高揚に努め、民主的で透明性の高い市政の運営に当たらなければならない。

2　職員は、職務の遂行に当たっては、公共の利益の増進を目指し、全力を挙げてこれに取り組まなければならない。

第4条（職員の責務）

　職員は、公務員としてのコンプライアンスの重要性を深く認識し、常に公平かつ公正な職務の遂行に努めなければならない。

2　職員は、職務の遂行に当たっては、市民その他市政に関わりのあるすべての者に対して業務に関する説明を十分に行い、理解と協力を得るよう努めなければならない。

第5条（任命権者及び管理監督者の責務）

　任命権者は、職員（市長を除く職員をいう。以下この条において同じ。）の公正な職務の遂行及び倫理の保持に資するため、研修その他の必要な措置を講じなければならない。

2　職員を管理監督する立場にある者（以下「所属長」という。）は、その職務の重要性を自覚し、管理監督下の職員の公正な職務の遂行及び倫理の保持に努め、その行動について適切に指導監督しなければならない。

第6条（市民の理解及び協力）

　市民は、地方公共団体を構成する一員として常に市政に関心を払い、職員による公平かつ公正な職務の遂行について理解し、協力するよう努めるものとする。

　　第2章　コンプライアンス体制

第7条（コンプライアンス委員会の設置）・**第8条**（推進会議の設置）

　　第3章　不当要求対策

第9条（不当要求行為等への組織的対応）

　職員（この項において市長を除く。）は、不当要求行為等があったときは、市政の透明化を図るとともに公正な職務の遂行を確保するため、当該行為の内容等を記録し、上司及び所属長に報告しなければならない。

2　所属長は、前項の規定による報告を受けたときは、公正な職務を遂行するために必要な措置を講ずるとともに、その内容を推進会議に報告しなければならない。

3　推進会議は、前項の規定による報告を受けたときは、必要な調査を行い、当該報告を行った所属長に対し、対応方針を指示するものとする。

4〜6　略

第10条（不当要求行為等に対する措置）

　　第4章　公益通報制度

第11条（公益通報制度）

　市政を常に公平かつ公正なものに保つため、公益通報制度を設ける。

第12条（公益通報の手続）

　職員は、公益通報の必要があると認めるときは、速やかに委員会にその内容を通報しなければならない。

2　職員は、公益通報をする場合は、原則として実名により行わなければならない。

3　職員は、公益通報に当たっては、確実な資料に基づき誠実に行わなければならない。

第13条（不利益取扱いの禁止）

　公益通報をした職員（以下「通報者」という。）の任命権者は、公益通報をしたことを理由として、通報者に対していかなる不利益な取扱いをしてはならない。

第14条（公益通報に係る委員会の職務）・**第15条**（公益通報に係る措置）・**第16条**（是正措置等の通知）

　　第5章　雑則

第17条（委任）

　附　則

Q13 条例以外にコンプライアンス・倫理に関するルールはどのように定められますか？

ここがポイント！

条例の委任によらず、規則、訓令、指針などで規程を設ける例は少なくない。
倫理規程に相当する内容、目指すべきコンプライアンスについての規定が設けられる。

■解説 ‥‥‥‥‥‥‥‥‥‥‥‥‥‥‥‥‥‥‥‥‥‥‥‥‥‥‥‥‥‥

　必ずしも条例による委任の規定がない場合にも、規則、訓令、指針などの方法により、コンプライアンス・倫理に関する規程が設けられています。

　例えば、「法令の遵守及び倫理の保持による公正な職務の執行及び適正な行政運営の確保」（横浜市職員の公正な職務の執行及び適正な行政運営の確保に関する規則、平成18年12月1日規則第145号、第3条等）といった表現があります。また、コンプライアンスの意味について、直接に定義規定を設けるもの、コンプライアンスに関する組織（コンプライアンス課、同室、同推進室、同推進係、同責任者、同推進員、同アドバイザーなど）の所掌規定の中で説明するものなどがあります。

　なお、京都市職員コンプライアンス推進指針（平成21年9月）では、「「コンプライアンス」とは、市民に信頼される行政運営のために、「**法令に従い、これを確実に守るという基本を徹底するとともに、常に『法の一般原則』に立ち返り、創造的かつ主体的に職務を遂行すること**」と定義します。」とし、「法の一般原則……具体的には、従来の「信義誠実の原則」、「権限濫用の禁止原則」、「比例原則」及び「平等原則」に加え、現在では「市民参加原則」、「説明責任原則」、「透明性原則」、「基準準拠原則」及び「効率性原則」を含意するものとしてとらえられます。」と注記しています。

【参考⑦】

条例以外でのルールの定め方

（例規集所収の規定から抄録）

●横浜市職員の公正な職務の執行及び適正な行政運営の確保に関する規則（平成18年12月1日規則第145号）（抄）

第1条（趣旨）

　この規則は、本市職員の法令の遵守及び倫理の保持による公正な職務の執行及び適正な行政運営の確保について、必要な事項を定めるものとする。

第2条（定義）

第3条（総括コンプライアンス責任者）

　市長は、本市における法令の遵守及び倫理の保持による公正な職務の執行及び適正な行政運営を総合的かつ継続的に推進するため、総括コンプライアンス責任者（以下「総括責任者」という。）を置く。（以下　略）

第4条（コンプライアンス委員会）

　市長は、法令の遵守及び倫理の保持による公正な職務の執行及び適正な行政運営の確保に関する制度の実施状況の点検、評価及び総合調整を行うため、コンプライアンス委員会（以下「委員会」という。）を設置する。（以下　略）

第5条（コンプライアンス顧問）

　市長は、本市の法令の遵守及び倫理の保持による公正な職務の執行及び適正な行政運営の確保について必要な助言等を求めるため、識見を有する者をコンプライアンス顧問に選任する。（以下　略）

第6条（局区コンプライアンス責任者）

第7条（局区コンプライアンス推進委員会）

第8条（局区コンプライアンス推進員）

第9条以下　略（内部通報、要望・特定要望、内部観察、委任に関する事項）

●京都市職員コンプライアンス推進指針（平成21年9月）（抄）

指針の策定に当たって

　地域主権時代のモデルになる―。これが、私たちの目指すところです。

　（冒頭　略）

　今や、庁内改革の取組は、不祥事を抑止して信頼を回復するという段階から、地域主権の担い手として、公のために働く誇りと使命感に溢れ、市民の目線に立った自律的かつ能動的な組織文化を確立することにより、市民からの信頼をより一層高めるという新たな段階に入っているのです。（中略）

　私たちの目指すものが市政に対する市民の信頼の向上と、その先にある地

域主権時代のモデルとなる市役所の実現である以上、このような思考こそ克服されなければなりません。

　このような意識改革の「キーワード」の一つがコンプライアンスです。（中略）私たち京都市職員にとってのコンプライアンスは、（中略）市民に信頼される行政運営のために、「法令に従い、これを確実に守るという基本を徹底するとともに、常に『法の一般原則』に立ち返り、創造的かつ主体的に職務を遂行すること」であるとしています。

　本指針は、このようなコンプライアンスについて、職員が共通の認識を持って実践していくために、あるいは組織文化として根付かせていくために、留意すべき事項、確認すべき事項をまとめたものです。（以下　略）

［指針の目次］

1　コンプライアンスとは
　(1)　京都市職員にとってのコンプライアンスとは（Q13の説明参照）
　(2)　コンプライアンスを推進するために
　　　京都市職員の倫理を確立するための行動規範（京都市職員倫理憲章）
2　コンプライアンスの推進を支える制度や仕組み
　(1)　公私にわたる高い倫理観の保持のための取組
　　①　京都市職員の倫理の保持に関する条例
　　②　公務員倫理研修
　(2)　市民の目線に立った仕事への専念のための取組
　　①　全庁"きょうかん"実践運動
　　②　信頼される市民応対
　　③　信頼される服装と身だしなみ
　(3)　法令等を遵守した公正な職務執行のための取組
　　①　適正な業務遂行
　　②　適正な服務の確保
　　③　京都市職員の公正な職務の執行の確保に関する条例
　　④　公益通報処理制度（内部通報）
　(4)　市民への分かりやすい情報伝達と丁寧な説明のための取組
　　①　情報の積極的な開示と適切な管理
　　②　誠実、丁寧で意を尽くした説明（説明責任）
　(5)　自己研鑽と絶え間ない改革の実践のための取組
　　①　自主的な業務改善（業務と組織の自己変革）
　　②　自己研鑽による能力向上と視野の拡大（職員の自己変革）
3　コンプライアンス推進体制

Q14 地方公務員のコンプライアンス・倫理はどのように判断されるのですか？

ここがポイント！

公務の特性を踏まえたものに加えて、地方自治の本旨を踏まえ、住民のために職務を行うことが基本。
職務外、勤務時間外の行動についても、住民の信頼・期待を裏切らないような行動が求められる。

■解説

条例に基づく指針として、例えば、神奈川県職員行動指針（平成16年4月策定）では、次のように定めています（抄録）。

私たちの姿勢

1　前例にとらわれず、自ら行動し、新たな課題に挑戦します。

2　県民との対話を大切にします。

3　すべての人の人権を尊重します。

4　明るく、活き活きとした職場づくりを推進します。

5　地域社会の一員としての自覚を持って行動します。

6　職務に専念し、服務規律を遵守します。

私たちの実践

7　自己啓発や能力開発に取り組みます。

8　男女共同参画の理念に基づき行動します。

9　個人情報保護と情報セキュリティを徹底します。

10　不当、不正な要求に対し、毅然として対応します。

11　日常点検や相互チェックを行い、事故・不祥事を未然に防止します。

12　日常の業務や生活のあらゆる場面で、環境への配慮を実践します。（以下「私たちの規律」・「管理監督者の役割」略）

☞Q12、Q13

Q15

法律や条例に違反しなければコンプライアンス・倫理の点では問題ないと考えられますか？

ここがポイント！

法令では、必要な決まりが定められている以上、その決まりは守らなければならないのは当然である。
しかし、守りさえすれば十分なのではなく、さらに、住民の信頼を確保しつつ、住民福祉の増進のための積極的な行動が期待される。

■解説

　コンプライアンスを自治体で導入するかをめぐる議論においても、例えば、京都市職員コンプライアンス推進指針（平成21年9月）で「コンプライアンス」の定義をするに当たって、コンプライアンスに関する郷原信郎の考え方（「遵守」から脱却して、「ルールを活かす」「ルールを改める」）を参考に定義づけたと説明されています（岡田博史『自治体コンプライアンスの基礎』）。そして、「京都市職員の倫理を確立するための行動規範（京都市職員倫理憲章）」では、次のように定められています。

　・公私にわたり、高い倫理観を持って、行動します。
　・市民の目線に立って、仕事に全力投球します。
　・法令等を遵守し、不正を許さず、公正に仕事をします。
　・情報を市民に分かりやすく伝え、説明は丁寧に行います。
　・自己研鑽に励み、絶えず改革に取り組みます。

☞ Q1、【参考⑦】（P.34）、【参考⑧】（P.38）、【参考⑨】（P.39）

【参考⑧】

積極的倫理・積極的コンプライアンス

　原田三朗『公務員倫理講義』は、倫理研修に関して、「かつて、人事院『公務員倫理研修研究部会報告』（1980年）では、公務員倫理に関して、「しなければならないことをする、してはならないことはしない」という法律万能主義の考えにとどまらず、「した方がいいことは積極的にする、しない方がいいことは、できるだけしない」という考え方を打ち出した。そのころは前者をドント（Don't）・アプローチ、後者をドゥ（Do）・アプローチと呼んだ。いまなら、コンプライアンス・アプローチとハイ・ロード・アプローチというところである。」とし、また、「組織の秩序を維持するために、コンプライアンスを重視する研修をロー・ロード（低い道）、公務員の清廉と道徳性の高さを養うために価値意識を重視する研修をハイ・ロード（高い道）と呼ぶ行政倫理の研究者もいる。」と説明しています。

　中谷常二「公務員倫理を考える～倫理的な組織風土構築のために～」（『人事院月報』2016年3月号）では、次のように整理しています。

　「倫理には消極的倫理と積極的倫理の二つの面がある。消極的倫理（～するな）とは倫理法を含む服務規律が典型的である。他方、積極的倫理（した方がよいことをする）とはより善いことを行うことである。倫理を語る場合、この二つの倫理を認識する必要がある。「悪いことをしないから倫理的である」とはいえない。なぜなら、悪いことをしないけれど善いことも全くしない人を我々は倫理的な人といわないからである。公務員倫理においても消極的倫理のみならず、より善い方向に進める積極的倫理も倫理的であるために不可欠なものといえる。」

　なお、杉本泰治『日本の公務員倫理―積極、協働への転換』（行政のなかでも、国民生活の安全を図る規制行政を対象とし、特に原子力の安全確保に目を向けたもの）で、公務員の行為は次の2種類に分けられ、それぞれに倫理があるとしています。

①　行政目的を実現する職務上の行為。これには、行政目的を実現しようとする積極的倫理（positive ethics）がある。

②　利害関係者から金銭・物品の贈与を受けるなどの行為。これには、そのような行為をしてはならないとする倫理法の消極的倫理（negative ethics）がある。

　公務員本来の職務について積極的倫理、付随行為について消極的倫理、という用法は、前例のない新しい擁護法のようであるとも述べています。

【参考⑨】

企業倫理とCSR

　国語事典（新村出編『広辞苑』（第7版））では、「企業倫理」について「企業が社会的に守るべき道徳。また、それを研究する応用倫理学の一分野。経営倫理。」と、「企業の社会的責任」について、「（corporate social responsibility）企業は利益を上げ、最低限の法的責任を果たすだけでなく、企業活動を通じて市民や地域、社会の要請に対し積極的に貢献すべきとする考え。CSR」と説明しています。

　CSRの定義として、欧州委員会（Commission of the European Communities）Green Paperの定義（「企業が自社の活動の中に、また、ステークホルダーとの相互関係の中に、社会および環境面の諸事項を自発的に取り込んでいく概念」）があり、一般的な解釈としては、経済産業省『通商白書』2004年版で示された「企業が法律遵守にとどまらず、市民、地域及び社会等の企業を取り巻くステークホルダーに利するような形で、自ら、経済、環境、社会問題においてバランスの取れたアプローチを行うことにより事業を成功させること」があります（関根雅則「戦略的CSRとイノベーション」『高崎経済大学論集』53巻1号）。

　経済界の動きとしては、1996年に経済団体連合会「経団連企業行動憲章」が定められました。日本経団連への再編後、1991年、相次ぐ企業不祥事を契機に高まる企業への不信・不安感に対し、企業行動の総点検を呼びかけるべく、会員企業が遵守すべき行動規範である「企業行動憲章」が制定されています。さらに、2015年に国際連合採択で、国際社会が取り組む17の共通目標、持続可能な開発目標（SDGs）が設定されたことを踏まえて、2017年に改正されるに至っています。なお、経団連はSociety 5.0の実現（狩猟社会、農耕社会、工業社会、情報社会に続く人類社会の発展の歴史における第5番目の新しい社会。IoTや人工知能、ロボットなどの革新技術やビッグデータを最大限活用することで、人々の快適な暮らしと社会全体の最適化が図られた超スマート社会）を目指していて、SDGsの理念とも軌を一にしているとしています（長谷川知子「『新しい経団連企業行動憲章が目指す持続可能な社会の実現』―Society 5.0. for SDGs―」『人事院月報』2018年10月号）。

　その他、個別の分野でも、日本製薬団体連合会の「製薬企業倫理綱領」、日本製薬工業協会の自主規範「医療用医薬品プロモーションコード」、「製薬協企業行動憲章」、「製薬協コンプライアンス・プログラム・ガイドライン」などが制定され、企業活動での倫理性・透明性を高める取組がなされています（田中徳雄「日本製薬工業協会におけるコンプライアンス……」『人事院月報』2018年11月号）。

2 コンプライアンスに違反すると

Q16 違反行為に対してはどのような制裁などの仕組みがあるのですか？

ここがポイント！

公務組織内部では、訓告、厳重注意等措置、懲戒処分が、また、裁判を通じて刑事罰が科される場合がある。

■解説

コンプライアンスの内容を広くとらえると、その違反行為も広くなりますが、違反の内容に応じてさまざまな措置（制裁）があります。

公務組織内では、訓告、厳重注意等の措置さらには懲戒処分が、また、刑事罰が科される場合があります。

・公務部内での懲戒処分等
　退職手当、年金への影響も
・損害賠償
　入札談合行為に関与した工事の請負代金の額が基準
・刑法の公契約関係競売等妨害罪
　3年以下の懲役又は250万円以下の罰金
・独占禁止法違反の幇助犯
　5年以下の懲役又は500万円以下の罰金
・官製談合防止法の入札等妨害罪
　5年以下の懲役又は250万円以下の罰金
・刑法の収賄罪
　金銭の授受があった場合は、収賄罪として、5年以下の懲役、この場合において、請託を受けたときは、7年以下の懲役
　請託を受けて賄賂を授受し、不正行為に及んだ場合は、加重収賄罪として、1年以上の有期懲役

Q17 違反者本人はどうなりますか？

ここがポイント！

違反行為に対して、組織内部での措置、懲戒処分、刑事罰などを受けることになる。
さらに、家族への影響も小さくはないことにも注意。

■解説 ·············

　Q16のとおり、違反行為に応じた制裁等を受けることになります。

　さらに、職員の家族への影響も小さくありません。それに関して、次のような述懐が示されています。

> 　ある企業の営業所長が「贈賄容疑」で逮捕された事件の弁護を担当した。そのとき、奥さんから「近所の人々に好奇の目で見られるので、私は一歩も外に出られません。食事ものどを通らない。子どもは学区で『お前のお父さん、新聞に載ってたな』とはやされるので登校拒否になっています」と涙ながらに訴えられた。違法行為、逮捕、取り調べという一連の出来事が、本人の家族にどれほど甚大な影響をもたらすのかを初めて目の当たりにして、私は胸がつぶれる思いであった。執行猶予判決はでたが、家族はその地に住み続けることはできず、引っ越したと聞く（中島茂「公務員とコンプライアンス　国民、住民の信頼を得るためになすべきこと」『人事院月報』2019年1月号）（「ダメージの大きさを知る」）。

> 　実際に、様々な不祥事の現場に立ち会ってみると、それはデメリットなどという生易しい言葉では表現しきれない事態に立ち至るのである。組織も社会も傷つくが、何よりもその不祥事に巻き込まれた個人及びその家族にとって、取り返しのつかない「悲劇」と言ってもよい不幸な事態に見舞われることを再三目の当たりにしている。（梅津光弘「コンプライアンスを考える─2018年と今後の課題」『人事院月報』2019年2月号）

【参考⑩】

公務員に関する刑法の規定

　公務員が犯罪とされる行為を犯した場合には、それぞれの法律の規定が適用されます。

　窃盗、傷害、賭博などは刑法により、道路交通法違反、迷惑条例違反などはそれぞれの法律、条例等による処罰がなされることになります。

　公務員という地位にある者の犯罪として、刑法では、次のものが定められています。

⑴　**公契約関係競売等妨害**

第96条の6（公契約関係競売等妨害）　偽計又は威力を用いて、公の競売又は入札で契約を締結するためのものの公正を害すべき行為をした者は、3年以下の懲役若しくは250万円以下の罰金に処し、又はこれを併科する。

2　公正な価格を害し又は不正な利益を得る目的で、談合した者も、前項と同様とする。

　（なお、次の【参考⑪】参照）

⑵　**職権濫用**

第193条（公務員職権濫用）

　公務員がその職権を濫用して、人に義務のないことを行わせ、又は権利の行使を妨害したときは、2年以下の懲役又は禁錮に処する。

　なお、公務員のうち、特別公務員（裁判、検察若しくは警察の職務を行う者又はこれらの職務を補助する者）については、**第194条**（職権濫用）、**第195条**（特別公務員暴行陵虐）及び**第196条**（特別公務員職権濫用等致死傷）の規定があります。

⑶　**賄賂に関するもの**

第197条（収賄、受託収賄及び事前収賄）

　公務員が、その職務に関し、賄賂を収受し、又はその要求若しくは約束をしたときは、5年以下の懲役に処する。この場合において、請託を受けたときは、7年以下の懲役に処する。

2　公務員になろうとする者が、その担当すべき職務に関し、請託を受けて、賄賂を収受し、又はその要求若しくは約束をしたときは、公務員となった場合において、5年以下の懲役に処する。

第197条の2（第三者供賄）
　　公務員が、その職務に関し、請託を受けて、第三者に賄賂を供与させ、又はその供与の要求若しくは約束をしたときは、5年以下の懲役に処する。

第197条の3（加重収賄及び事後収賄）
　　公務員が前2条の罪を犯し、よって不正な行為をし、又は相当の行為をしなかったときは、1年以上の有期懲役に処する。

2　公務員が、その職務上不正な行為をしたこと又は相当の行為をしなかったことに関し、賄賂を収受し、若しくはその要求若しくは約束をし、又は第三者にこれを供与させ、若しくはその供与の要求若しくは約束をしたときも、前項と同様とする。

3　公務員であった者が、その在職中に請託を受けて職務上不正な行為をしたこと又は相当の行為をしなかったことに関し、賄賂を収受し、又はその要求若しくは約束をしたときは、5年以下の懲役に処する。

第197条の4（あっせん収賄）
　　公務員が請託を受け、他の公務員に職務上不正な行為をさせるように、又は相当の行為をさせないようにあっせんをすること又はしたことの報酬として、賄賂を収受し、又はその要求若しくは約束をしたときは、5年以下の懲役に処する。

第197条の5（没収及び追徴）
　　犯人又は情を知った第三者が収受した賄賂は、没収する。その全部又は一部を没収することができないときは、その価額を追徴する。

第198条（贈賄）
　　第197条から第197条の4までに規定する賄賂を供与し、又はその申込み若しくは約束をした者は、3年以下の懲役又は250万円以下の罰金に処する。
　　（賄賂を供与等を行った側は、贈賄罪に問われます。）

【参考⑪】

入札談合に関する刑事罰等

（公正取引委員会HPを基に編集）

　入札談合に関しては、国・地方公共団体等の職員が入札談合に関与する、いわゆる官製談合に対する社会的批判が高まりました。法制度としては、発注機関の職員による関与があった場合の入札談合事件については、独占禁止法では当該入札談合を行った事業者に対する処分は可能ですが、発注機関側に対して法的に行政上の措置を講じることができず、事業者側に不公平感がありました。

　これらを背景に、平成14年「入札談合等関与行為の排除及び防止に関する法律」が成立し、平成15年1月6日から施行されています。

　しかし、同法律の施行後も、官製談合事件が多くみられたことから、さらに、**職員による入札等の妨害の罪の創設**等を内容とする改正法が、平成18年12月8日に成立し、法律名も「**入札談合等関与行為の排除及び防止並びに職員による入札等の公正を害すべき行為の処罰に関する法律**」と改正され、平成19年3月14日から施行されています。

　官製談合防止法第8条（職員による入札等の妨害）では、発注機関職員が、発注機関が入札等により行う契約の締結に関し、その職務に反し、入札談合を唆すこと、予定価格その他の入札等に関する秘密を教示すること又はその他の方法により、当該入札等の公正を害すべき行為を行ったときは、5年以下の懲役又は250万円以下の罰金に処されることが定められています。

　入札談合等関与行為（第2条第5項）の類型と本刑事罰規定（第8条）における入札等の公正を害すべき行為との異同については、「入札談合等関与行為」は独占禁止法第3条又は第8条第1号に違反する行為に関与するものであることが必要ですが、「職員による入札等の妨害の罪」は、入札等の公正を害すべき行為であれば足り、独占禁止法違反行為の存在を前提とするものではないとされています。

　また、「入札談合等関与行為」は、
① 談合の明示的な指示
② 受注者に関する意向の表明
③ 発注に係る秘密情報の漏えい
④ 特定の談合の幇助
の4類型が定められていますが、「**職員による入札等の妨害の罪**」は、職員が、**職務に反し、入札談合を唆すこと等により、入札等の公正を害すべき行為を行うことが処罰の対象**となっており、**行為の態様が上記の4類型に限定されているわけではない**とされています。

Q18 違反者の上司はどうなりますか？

ここがポイント！

「管理監督者」としての責任、義務違反が問われることになる。

■解説 ……………………………………………

　コンプライアンス違反の行為を行った職員の上司については、直接に行為に関与したり、行ったわけではなくても「管理監督者」としての責任、義務違反があったか否かが問われることになります。

　管理監督の責任にある者が管理・監督不行届を理由に責任を問われるのは、行為者の職員の管理監督者としての職務上の義務違反又は職務懈怠と判断されることで、懲戒事由に該当すると解されます。

　なお、綱紀粛正に関する通知でも、たびたび管理監督者の責務に言及されています。例えば、代表的な通知（「地方公務員の綱紀粛正および服務規律の確保について」昭和42年10月6日、自治公一第50号）では、「特に管理、監督の地位にある者は、自ら部下職員の範となるよう努めるとともに、部下職員の掌握、服務規律の確立および執務能率の向上のために積極的に意欲をもつて取り組むようその自覚と責任感を高めること」とされ、また、資金の不適正な取扱い、工事発注を巡る不祥事、休暇の不適正な取得、飲酒運転による交通事故など不祥事件が相次いだことに対する通知「地方行政及び地方公務員に対する信頼の回復について」（平成18年11月7日総行公第75号）では、管理監督者自身による不祥事にも触れつつ、「最近における不祥事件には、管理、監督の地位にある者によるものがあるが、これらの者は部下職員を指導する立場にあるものであり、**まずは部下職員の範となるよう公務員として自らその姿勢を正すとともに、部下職員に対しては、服務義務、公務員倫理に係る周知徹底を図り、全体の奉仕者としての自覚を促すこと**」とされています。

Q19

違反者の部署・チームへの影響はどうなりますか？

ここがポイント！

「課ぐるみ」でのコンプライアンス・倫理違反とみられ、部署・チームへの不信感につながる。

■ 解説

　自治体の職務遂行が、チーム、課室等の単位を中心に行われることは一般的といえます。そこで不祥事が発生した場合には、部署・チーム運営の在り方が問われ、コンプライアンス・倫理に関する部署・チームの（好ましくない）風土・体質としてとらえられることも少なくありません。

　我が国の行政組織の運営実態の特徴の一つとして、「大部屋主義」が指摘されることがあります（大森彌『官のシステム』）。欧米で一般的とされる個室での執務と異なり、課などの単位に属する職員が同じ部屋で執務することが多く見られるところです。そのメリットとしては、部屋内でのコミュニケーションが日常的に可能となることにより、職員相互の理解が進み、臨機応変に柔軟な仕事の配分・対応ができるといわれます。その反面、デメリットとして、相互が監視し合うかのような錯覚による息苦しさ、同調圧力、さらに、不正に関して組織ぐるみでの隠蔽が行われる危険があるとされています。

　コンプライアンス・倫理の観点からは、相互に理解し合うことは望ましいことですが、不正・不祥事に対する組織文化の改善（**風通しの良い組織風土の形成**）について議論が行われる際も、部署・チームでの人事管理・組織管理が想定されているところです。

☞Q18、Q20、Q94、その他第3章2

Q20 違反者が出た自治体への影響はどうなりますか？

ここがポイント！

自治体にとっての不名誉な事件として、住民の信頼を
損なうことになる。

■解説 ‥‥‥‥‥‥‥‥‥‥‥‥‥‥‥‥‥‥‥‥‥‥‥‥‥‥‥‥‥‥

　行政の遂行に当たっては、住民の信頼、期待に応えるべきものであっ
て、それを裏切るようなコンプライアンス違反行為が生じた場合には、
自治体全体の信用・信頼が傷ついてしまいます。

　「○○自治体で……という事件が」という報道に触れたとき、人々は、
一職員の行為であっても自治体自体への信頼が裏切られたと感じてし
まうことも不自然な対応ではありません。

　多くの職員が規律を守り、誠実に職務を遂行していても、少数（**たっ
た一人であっても**）の職員のコンプライアンス・倫理違反行為によっ
て、所属する**自治体全体に対する住民の信頼を損なう**結果にもなり得
ます。

　あらためて、地公法の服務規定の一つである信用失墜行為の意味の
重さを確認する必要があります。**職務の内外、勤務時間の内外を問わず、**
「その自治体の公務員である」者は、自らの職の信用を傷つける行為が
禁じられるのみならず、職全体の不名誉となる行為が禁じられています。

　不名誉については、住民から見て職務の遂行への信用・信頼が損な
われることに至るかどうかが重要な判断の材料となります。犯罪行為
は論外として、不適切な行為、住民の不信を招く行為、そして公正な
職務遂行に疑いをもたせるような行為（コンプライアンス・倫理違反
行為）を職員が行うことは自治体への信頼に影響が及び得ることを、
個々の職員も自覚しなければなりません。

☞【もう少しくわしく①】(P.10)

第**2**章

こんな時どうする？
事例別　地方公務員の
コンプライアンス

　この章では、4つの場面（職員・住民・議員との関わり／関連業者との関わり／勤務外・休暇中・プライベートな行動／災害対応時等）での事例について、ハラスメント、服務、倫理などのルールに照らした整理をしています。

　個々のケースについては、■**問題はどこに**、☑ **関連するルール**、☑ **ルールの解釈**、■**あてはめ・検討**の順に記しています。「解釈」の後に「あてはめ」を置くのは、解釈の内容がそのまま個別の結論につながらないことを考慮したためです。

　単に「アウトかセーフか」を結論として確認するのではなく、実際の場面を想定して、住民の疑念が生じないかについて考える素材としてご利用ください。

　なお、用語は、国と自治体でほぼ共通して用いられていることから、便宜上、国の仕組みのものを用いています。

1　職員・住民・議員との事例

Q21

私生活に関する質問

同僚の職員の服装が普段と変わっていたので、親しみを込めて、「今晩はデートですか」と発言することは問題になりますか？

■問題はどこに……………………………………………

○プライベートな行動に関する発言について
○ハラスメント防止から見た当否

☑　関連するルール

　セクシュアルハラスメント防止に関する法令・指針

☑　ルールの解釈

　「性的な言動」のうち、「性的な内容の発言」には、性的な事実関係を尋ねること、性的な内容の情報を意図的に流布すること等が含まれ、「環境型セクシュアルハラスメント」とは、職場において行われる労働者の意に反する性的な言動により労働者の就業環境が不快なものとなったため、能力の発揮に重大な悪影響が生じる等当該労働者が就業する上で看過できない程度の支障が生じることとされています。発言としては、**性的な関心、欲求に基づくものや差別意識に基づくもの**が挙げられます。

☞【もう少しくわしく②】(P.54)、【もう少しくわしく③】(P.56)

■あてはめ・検討 ……………………………………………

　形式的には、この発言自体が直ちにセクシュアルハラスメントに当たるとは断定できません。しかし、このような**発言の背後にある配慮不足に照らせば、控えることが相応しい発言**といえます。

　「親しみを込めた」ことに注意が必要です。**一方がもつ親しみは、相手方にとって不快を呼び起こすことがあります。**思いやることと、思い込みとは別物です。

Q22 　　　　　　　　　　**育児短時間勤務職員への嫌み**
繁忙期に育児短時間勤務を行う同僚に対して、
嫌みを言うことは問題になりますか？

■問題はどこに……………………………………………………

○認められている制度の活用に対する否定的な発言について
○ハラスメント防止から見た当否

☑ **関連するルール**

両立支援に関するハラスメント防止に関する法令・指針

☑ **ルールの解釈**

　指針では、両立支援に関する制度（育児のための所定労働時間の短縮措置、自治体職員の場合は、育児短時間勤務）の利用を阻害することが例として挙げられています。行為としては、繰り返し又は継続的に行う嫌がらせ等が例示されていますが、掲げられていないから問題がないということにはなりません。

☞【もう少しくわしく②】（P.54）、【もう少しくわしく③】（P.56）

■あてはめ・検討 ……………………………………………

　形式的には、この発言自体が直ちにハラスメントに当たるとは断定できません。しかし、このような**発言の背後にある配慮不足に照らせば、控えることが相応しい発言**といえます。嫌みの背後にある共同参画・両立支援制度への理解不足が問題となります。

　働き方改革の推進の中で、業務の見直しとともに、それぞれの職員の状況にあった勤務時間の多様化・柔軟化が求められます。なお、育児・介護休業について、男女を問わずだれでも取得できる職場こそ生産性の高い職場であるという指摘（佐藤博樹）があります。さまざまな両立支援策に関しても、組織の在り方として、チームワークの発揮に底力のあるものであることが期待されます。

Q23

仕事に熱意が見られない後輩に、しっかりとしてもらうために、書類で机をたたく程度のことをしても問題になりますか？

■問題はどこに……………………………………

○先輩職員が育成支援の意図で行った行為について
○ハラスメント防止から見た当否

☑ 関連するルール

パワーハラスメント防止に関する法令・指針

☑ ルールの解釈

　職場におけるパワーハラスメントは、職場において行われる①優越的な関係を背景とした言動であって、②業務上必要かつ相当な範囲を超えたものにより、③労働者の就業環境が害されるものであり、①から③までの要素を全て満たすものをいうとされています。指針が掲げる例としては、直接相手方に向けられていない行為（机をたたくこと）は明示されていません。なお、客観的にみて、業務上必要かつ相当な範囲で行われる適正な業務指示や指導については、職場におけるパワーハラスメントには該当しないこととされています。

☞【もう少しくわしく②】（P.54）、【もう少しくわしく③】（P.56）

■あてはめ・検討 ……………………………………

　職場で形成されていた関係等にもよりますが、**直接身体に対する暴行等でなくても、書類で机をたたく行為は、十分に威圧感を与えるもので、好ましくない行為**といえます。

　業務上の指示・指導とパワーハラスメントとの関係は、判断が難しいケースもあります。少なくとも個人的な感情が先行して、相手方の心情への理解を欠くものは適切なものではありません。

Q24

何度指導しても仕事ぶりが改善しない部下に、反省を促すために1ヶ月間仕事を与えないことは問題になりますか？

■問題はどこに……………………………………

○部下に対する仕事からの排除について
○ハラスメント防止から見た当否

> ☑ **関連するルール**

　パワーハラスメント防止に関する法令・指針

> ☑ **ルールの解釈**

　パワーハラスメントの行為類型として関係するものでは、人間関係からの切り離し（隔離・仲間外し・無視）、過小な要求（業務上の合理性なく能力や経験とかけ離れた程度の低い仕事を命じることや仕事を与えないこと）が示されています。なお、人事院の指針では、**気に入らない部下に仕事をさせないこと**が例示されています。

　　　　　☞【もう少しくわしく②】(P.54)、【もう少しくわしく③】(P.56)

■あてはめ・検討 ………………………………

　1ヶ月間仕事を与えないことは、目的（反省を促すこと）と行為との間の相当性を欠くものです。

　特に上司（監督者・管理監督者の立場にある職員）は、ハラスメント防止について、部下職員に対して趣旨の理解促進を進め、自身の行動においても模範となることが求められています。

　また、職場環境を自ら壊すことは、**風通しの良い職場づくりへの大きな障害**ともなります。なお、言動の相手方でない、直接の部下でない他の部署職員に対してもパワーハラスメントとなると考えられるケースもあります。

もう少しくわしく②

ハラスメントへの取組（仕組みの概要）

法令関係は、次のように、やや複雑な構造になっています。

労働法令では、次のとおり、総論的な規定と各論とが法令上分かれて規定されています。
○総論は、労働施策総合推進法
○各論は、
　　・パワーハラスメント　　　　　　→　労働施策総合推進法
　　・セクシャルハラスメント、マタハニティー・ハラスメント等
　　　　　　　　　　　　　　　　　　→　雇用機会均等法
　　・育児休業等に係るハラスメント　→　育児介護休業法
　　公務員への適用は、次のとおりです。
○地方公務員について
　　原則として労働法令が適用されます（育児休業等について特別法）。
○国家公務員について
　　原則として適用が除外、相当する規定は人事院規則によります。
　　人事院規則の内容は、公務の特性で共通する地方公務員にも参考になります（人事院規則では、端的に、職員は「ハラスメントをしてはならない」旨を規定しています。）。

概要を図式的にまとめれば、次のとおりになります。

●**ハラスメント（全般）** 労働施策総合推進法が「国の施策」として明示
労働施策総合推進法
　「職場における労働者の就業環境を害する言動に起因する問題」 の解決を促進するために必要な施策を充実すること（第4条第15号）。

● **（各論1）パワーハラスメント**
〔民間労働者、地方公務員〕
　労働施策総合推進法：**「優越的言動問題」**
　　・雇用管理上の措置等（第30条の2）→　指針
　　・国、事業主及び労働者の責務（第30条の3）
〔国家公務員＝適用除外〕
　　・人事院規則10−16（パワー・ハラスメントの防止等）→　指針、運用通知

● （各論2）セクシュアルハラスメント、マタハニティー・ハラスメント等

〔民間労働者、地方公務員〕

　雇用機会均等法：**「性的言動問題」**・**「妊娠出産等関係言動問題」**

　・雇用管理上の措置等（第11条、第11条の3）　→　指針

　・事業主及び労働者の責務（第11条の2、第11条の4）

〔国家公務員＝適用除外〕

　　・人事院規則10－10（セクシュアル・ハラスメントの防止等）

　　　→　指針、運用通知

　　・人事院規則10－15（妊娠、出産、育児又は介護に関するハラスメントの防止等）

　　　→　指針、運用通知

● （各論3）育児・介護休業関係

〔民間労働者、地方公務員＝読替え準用・不利益取扱い禁止については別法〕

　育児介護休業法：**「育児休業等関係言動問題」**

　・雇用管理上の措置等（第25条）　→　指針

　・事業主及び労働者の責務（第25条の2）

　・地方公務員育児休業法（休業・短時間勤務・部分休業に係る不利益取扱いの禁止）

〔国家公務員＝適用除外〕

　国家公務員育児休業法（育児休業等に係る不利益取扱いの禁止）

　・人事院規則10－19（職員の育児休業等）　→　運用通知

※　「労働施策総合推進法」：労働施策の総合的な推進並びに労働者の雇用の安定及び職業生活の充実等に関する法律（昭和41年7月21日法律第132号）

　「雇用機会均等法」：雇用の分野における男女の均等な機会及び待遇の確保等に関する法律（昭和47年7月1日法律第113号）

　「育児・介護休業法」：育児休業、介護休業等育児又は家族介護を行う労働者の福祉に関する法律（平成3年5月15日法律第76号）

　「国家公務員育児休業法」：国家公務員の育児休業等に関する法律（平成3年12月24日法律第109号）

　「地方公務員法育児休業法」：地方公務員の育児休業等に関する法律（平成3年12月24日法律第110号）。

　　なお、人事院規則では、例えば「パワー・ハラスメント」のように、間に「・」を置きます。

もう少しくわしく③

ハラスメントに関する指針に掲げられた言動の例

●パワーハラスメントに関するもの（事業主が職場における優越的な関係を背景とした言動に起因する問題に関して雇用管理上講ずべき措置等についての指針（令和2年1月15日厚生労働省告示第5号））

※個別の事案の状況等によって判断が異なる場合もあり得ること、また、次の例は限定列挙ではないことに十分留意し、広く相談に対応するなど、適切な対応を行うようにすることが必要とされています。

① 身体的な攻撃（暴行・傷害）

② 精神的な攻撃（脅迫・名誉棄損・侮辱・ひどい暴言）

③ 人間関係からの切り離し（隔離・仲間外し・無視）

④ 過大な要求（業務上明らかに不要なことや遂行不可能なことの強制・仕事の妨害）

⑤ 過小な要求（業務上の合理性なく能力や経験とかけ離れた程度の低い仕事を命じる等）

⑥ 個の侵害（私的なことに過度に立ち入ること）

※人事院の指針（人事院規則10-16（パワー・ハラスメントの防止等）の運用について

令和2年4月1日職職-141（別紙第1）では、内容としては上記に共通しますが、公務現場での蓄積等から、例示として、次のように7項目に整理されています。

① 暴力・傷害（書類で頭を叩く。部下を殴ったり、蹴ったりする。相手に物を投げつける。）

② 暴言・名誉毀損・侮辱（人格を否定するような罵詈雑言を浴びせる等）

③ 執拗な非難（改善点を具体的に指示することなく、何日間にもわたって繰り返し文書の書き直しを命じる。長時間厳しく叱責し続ける。）

④ 威圧的な行為（部下達の前で、書類を何度も激しく机に叩き付ける等）

⑤ 実現不可能・無駄な業務の強要

⑥ 仕事を与えない・隔離・仲間外し・無視（気に入らない部下に仕事をさせない等）

⑦ 個の侵害（個人に委ねられるべき私生活に関する事柄について、仕事上の不利益を示して干渉する。他人に知られたくない職員本人や家族の個人情報を言いふらす。）

●**両立支援措置に関するもの（子の養育又は家族の介護を行い、又は行う**
こととなる労働者の職業生活と家庭生活との両立が図られるようにするた
めに事業主が講ずべき措置等に関する指針（平成21年厚生労働省告示第
509号））

① 　解雇その他不利益な取扱いを示唆するもの（制度等の利用の申出の相
談、利用等に対して）

② 　制度等の利用の申出等又は制度等の利用を阻害するもの

③ 　制度等の利用をしたことにより嫌がらせ等をするもの

　客観的にみて、言動を受けた労働者の能力の発揮や継続就業に重大な悪影
響が生じる等当該労働者が就業する上で看過できない程度の支障が生じるよ
うなものが該当すること。

●**セクシュアルハラスメントに関するもの（事業主が職場における性的**
な言動に起因する問題に関して雇用管理上講ずべき措置等についての指針
（平成18年厚生労働省告示第615号））

　セクシュアルハラスメントには、「対価型セクシュアルハラスメント」（職
場において行われる性的な言動に対する労働者の対応により当該労働者がそ
の労働条件につき不利益を受けるもの）と「環境型セクシュアルハラスメン
ト」（当該性的な言動により労働者の就業環境が不快なものとなったため、
能力の発揮に重大な悪影響が生じる等当該労働者が就業する上で看過できな
い程度の支障が生じるもの）がある。

　「性的な言動」：性的な内容の発言及び性的な行動で、ここにいう「性的な
内容の発言」には、性的な事実関係を尋ねること、性的な内容の情報を意図
的に流布すること等が、「性的な行動」には、性的な関係を強要すること、
必要なく身体に触ること、わいせつな図画を配布すること等が、それぞれ含
まれる。

　「環境型セクシュアルハラスメント」典型的な例；

イ 　事務所内において上司が労働者の腰、胸等に度々触ったため、当該労
働者が苦痛に感じてその就業意欲が低下していること。

ロ 　同僚が取引先において労働者に係る性的な内容の情報を意図的かつ継
続的に流布したため、当該労働者が苦痛に感じて仕事が手につかないこ
と。

ハ 　労働者が抗議をしているにもかかわらず、事務所内にヌードポスター
を掲示しているため、当該労働者が苦痛に感じて業務に専念できないこ
と。

【参考⑫】

国家公務員のハラスメント防止に関する仕組み

　人事院パンフレット『職員は、ハラスメントをしてはならない』を基に編集しています。

●パワー・ハラスメント（パワハラ）とは

　職務に関する優越的な関係を背景として行われる、業務上必要かつ相当な範囲を超える言動であって、職員に精神的若しくは身体的な苦痛を与え、職員の人格若しくは尊厳を害し、又は職員の勤務環境を害することとなるようなもの

(1)　「職務に関する優越的な関係を背景として行われる」言動とは

　当該言動を受ける職員が当該言動の行為者に対して抵抗又は拒絶することができない蓋然性が高い関係を背景として行われるものをいいます。

(2)　「業務上必要かつ相当な範囲を超える」言動とは

　社会通念に照らし、当該言動が明らかに業務上必要性がない又はその態様が相当でないものをいいます。このような言動に該当するか否かは、具体的な状況（言動の目的、当該言動を受けた職員の問題行動の有無並びにその内容及び程度その他当該言動が行われた経緯及びその状況、業務の内容及び性質、当該言動の態様、頻度及び継続性、職員の属性及び心身の状況、当該言動の行為者との関係性等）を踏まえて総合的に判断します。

　⇒　職種によって判断基準が異なるものではありません。

(3)　パワハラの具体例

①　暴力・傷害

・書類で頭を叩く。

・部下を殴ったり、蹴ったりする。

・相手に物を投げつける。

②　暴言・名誉毀損・侮辱

・人格を否定するような罵詈雑言を浴びせる。

・他の職員の前で無能なやつだと言ったり、土下座をさせたりする。

・相手を罵倒・侮辱するような内容の電子メール等を複数の職員宛てに送信する。

③　執拗な非難

・改善点を具体的に指示することなく、何日間にもわたって繰り返し文書の書き直しを命じる。

・長時間厳しく叱責し続ける。

④　威圧的な行為
・部下達の前で、書類を何度も激しく机に叩き付ける。
・自分の意に沿った発言をするまで怒鳴り続けたり、自分のミスを有無を言わさず部下に責任転嫁したりする。
⑤　実現不可能・無駄な業務の強要
・これまで分担して行ってきた大量の業務を未経験の部下に全部押しつけ、期限内に全て処理するよう厳命する。
・緊急性がないにもかかわらず、毎週のように土曜日や日曜日に出勤することを命じる。
・部下に業務とは関係のない私的な雑用の処理を強制的に行わせる。
⑥　仕事を与えない・隔離・仲間外し・無視
・気に入らない部下に仕事をさせない。
・気に入らない部下を無視し、会議にも参加させない。
・課員全員に送付する業務連絡のメールを特定の職員にだけ送付しない。
・意に沿わない職員を他の職員から隔離する。
⑦　個の侵害
・個人に委ねられるべき私生活に関する事柄について、仕事上の不利益を示唆して干渉する。
・他人に知られたくない職員本人や家族の個人情報を言いふらす。

●セクシュアル・ハラスメント（セクハラ）とは
○他の者（職員以外も含む）を不快にさせる職場における性的な言動
○職員が他の職員を不快にさせる職場外における性的な言動

(1)　性的な言動の内容
「性的な言動」とは、①性的な関心や欲求に基づくものをいい、②性別により役割を分担すべきとする意識に基づく言動、③性的指向や性自認に関する偏見に基づく言動も含まれます。

(2)　対象者の範囲
セクハラは男性から女性に行われるものに限らず、女性から女性、女性から男性、男性から男性に対して行われるものも対象になります。
例えば、身体への不必要な接触は、性別にかかわらず、セクハラになり得ます。激励・慰労のつもりでも、相手は不快に感じる場合があります。

(3)　場所的・時間的な範囲
職員間においては、場所・時間の限定はありません。「職員以外の者」との関係では「職場・勤務時間内（超過勤務時間も含みます）」に限られますが、「職場」とは「職務に従事する場所」をいい、庁舎内に限られません。

(4)　不快であるか否かの判断

　基本的に受け手が不快に感じるか否かによって判断します（受け手の感じ方が不明でも、通常人が不快と感じるか否かで判断します。）。

(5)　セクハラの具体例

①　性別により差別しようとする意識等に基づくもの

・「男のくせに根性がない」、「女には仕事を任せられない」などと発言する。

・「お坊ちゃん」、「お嬢ちゃん」、「おじさん」、「おばさん」などと人格を認めないような呼び方をする。

・性的指向や性自認をからかいやいじめの対象としたり、性的指向や性自認を本人の承諾なしに第三者に漏らしたりする。

②　性別により差別しようとする意識等に基づくもの

・女性であるというだけで職場でお茶くみ、掃除等を強要する。

・酒席で、上司の側に座席を指定したり、お酌等を強要する。

③　行動

④　性的な関心、欲求に基づくもの

・食事やデートにしつこく誘う。

・身体に不必要に接触する。

・性的な内容の電話をかけたり、手紙・Eメールを送る。

・性的な関係を強要する。

⑤　発言

⑥　性的な関心、欲求に基づくもの

・スリーサイズなど身体的な特徴を話題にする。

・卑猥な冗談を交わす。

・性的な噂を立てたり、性的なからかいの対象とする。

●妊娠、出産、育児又は介護に関するハラスメントとは

　職場における職員に対する妊娠、出産、育児休業・介護休暇等の制度等の利用に関する言動により当該職員の勤務環境が害されること

(1)　勤務環境が害されること

　典型例として、「不利益取扱いの示唆」、「業務上の必要性に基づかない制度の利用等の阻害」、「繰り返し嫌がらせをすること」などが挙げられます。なお、業務上の必要性に基づく言動によるものは、妊娠、出産、育児又は介護に関するハラスメントには該当しません。

(2)　対象者の範囲

　典型的には、上司又は同僚から行われるものが該当します。

(3)　場所的・時間的な範囲

　「職場における」言動によるものが対象となり、「職場外における」言動に

よるものは該当しません。ただし、「職場」には懇親の場等であって職務と密接に関連する場所も含まれ、勤務時間内に限定されるものではありません。

(4)　**妊娠、出産、育児又は介護に関するハラスメントの具体例**

(典型例)

①　不利益取扱いの示唆

　・育児休業の取得を上司に相談したところ「次の昇格はないと思う」と言われた。

②　業務上の必要性に基づかない制度の利用等の阻害

　・介護休暇の利用を周囲に伝えたところ、同僚から「自分は利用しないで介護する。あなたもそうするべき」と言われた。「でも、自分は利用したい」と再度伝えたが、再度同じ発言をされ、利用をあきらめざるを得ない状況になった。

③　繰り返し嫌がらせをすること

　・「自分だけ短時間勤務をするのは周りを考えていない。迷惑だ」と繰り返し又は継続的に言われ、勤務する上で看過できない程度の支障が生じた。

　※妊娠（不妊治療含む。）、出産、育児又は介護に関する否定的な言動は、妊娠、出産、育児又は介護に関するハラスメントの原因や背景となります。

(5)　**業務上の必要性に基づく言動（具体例）**

①　上司

　・業務体制を見直す目的で、育児休業の利用の希望期間を確認すること。

　・業務状況を考えて、翌日に妊婦健診に行く職員に、その次の妊婦健診日について特定の日を避けることができるか、相談すること。

②　同僚

　・自分がフレックスタイム制を利用する目的で、同僚のフレックスタイム制の内容を尋ね、変更を相談すること。

　＊相談が実質的に強要になっている場合は、ハラスメントになり得ます。日頃から適切なコミュニケーションをとることが重要です。

●ハラスメントが職員や職場に及ぼす影響

(1)　**職員に対する影響**

　①　名誉、プライバシーなど個人の尊厳を害します。

　②　職務の能率が低下します。

　③　精神や身体の健康を害します。

　④　ハラスメントに耐えきれずに退職せざるを得なくなることもあります。

(2)　**職場に対する影響**

　①　職場の人間関係を悪化させます。

　②　職場の士気を低下させます。

　③　職場の秩序を乱します。

④　公務の信頼性を失墜させます。

＊ハラスメントをした職員は懲戒処分（免職、停職、減給、戒告）を受けることがあります。

●監督者／管理監督者の役割

「監督者」とは係長以上の職員、「管理監督者」とは俸給の特別調整額を支給されている職員や指定職職員等を指します。

(1)　**監督者／管理監督者は職場の良好な勤務環境を確保する立場にいます**

①　日頃からの指導などにより、職場内のハラスメント防止に努めなければなりません。

②　職場でハラスメントが起きた場合には、迅速かつ適切に対処しなければなりません（ハラスメントを見つけた場合は、直ちにやめさせます。）。

(2)　**監督者／管理監督者は部下からハラスメントに関する苦情相談を受ける立場にいます**

①　相談者の話に真摯に耳を傾け丁寧に聴き、相談者の意向などを的確に把握すること。

＊被害者の場合、ハラスメントを受けた心理的影響から理路整然と話すとは限らないので、忍耐強く聴くように努めること。自分の評価は差し挟まない。

②　被害者等の当事者にとって適切な対応は何かという視点を持つこと。

③　事態を悪化させないために、迅速な対応を心がけること。

④　関係者のプライバシーや名誉その他の人権を尊重するとともに、秘密を厳守すること。

＊監督者／管理監督者として、ハラスメントを放置し良好な勤務環境を確保できなかった場合は、管理・監督者責任を問われることもあります。

●ハラスメントがある時は〜一人で抱え込まずに相談を〜

(1)　**ハラスメントを受けたとき**

ハラスメントを無視したり、受け流したりしているだけでは、必ずしも状況は改善されないということを認識することが大切です。また、身近な信頼できる人や相談機関に相談するなど一人で問題を抱え込まないようにすることが大切です。

(2)　**同僚がハラスメントを受けたとき**

①　被害者は他の人に対する相談をためらうことがあります。被害を受けていることを見聞きした場合には、声をかけて相談しやすくすることも大切です。

②　行為者に同僚として注意したり、ハラスメントについて上司に相談するという方法もあります。

【参考⑬】

ハラスメントに関する相談への対応

　ハラスメント指針では、事業主が講ずべき措置の内容として、方針等の明確化及び周知・啓発の重要性と共に、相談への対応について定めています。例えば、パワーハラスメント指針の「相談（苦情を含む。）に応じ、適切に対応するために必要な体制の整備」は、次のとおりです。

　事業主は、労働者からの相談に対し、その内容や状況に応じ適切かつ柔軟に対応するために必要な体制の整備として、次の措置を講じなければならない。

イ　相談への対応のための窓口（「相談窓口」）をあらかじめ定め、労働者に周知すること。

（相談窓口をあらかじめ定めていると認められる例）

①　相談に対応する担当者をあらかじめ定めること。

②　相談に対応するための制度を設けること。

③　外部の機関に相談への対応を委託すること。

ロ　イの相談窓口の担当者が、相談に対し、その内容や状況に応じ適切に対応できるようにすること。また、相談窓口においては、被害を受けた労働者が萎縮するなどして相談を躊躇する例もあること等も踏まえ、相談者の心身の状況や当該言動が行われた際の受け止めなどその認識にも配慮しながら、職場におけるパワーハラスメントが現実に生じている場合だけでなく、その発生のおそれがある場合や、職場におけるパワーハラスメントに該当するか否か微妙な場合であっても、広く相談に対応し、適切な対応を行うようにすること。例えば、放置すれば就業環境を害するおそれがある場合や、労働者同士のコミュニケーションの希薄化などの職場環境の問題が原因や背景となってパワーハラスメントが生じるおそれがある場合等が考えられる。

（相談窓口の担当者が適切に対応することができるようにしていると認められる例）

①　相談窓口の担当者が相談を受けた場合、その内容や状況に応じて、相談窓口の担当者と人事部門とが連携を図ることができる仕組みとすること。

②　相談窓口の担当者が相談を受けた場合、あらかじめ作成した留意点などを記載したマニュアルに基づき対応すること。

③　相談窓口の担当者に対し、相談を受けた場合の対応についての研修を行うこと。

　なお、国の相談業務に基づいて整理された『職員からの相談実務のてびき（第4次全訂版）』は、苦情相談に関する基本事項の説明、相談事例の紹介等、自治体職員に関しても参考となります。

Q25

仕事でのミス

仕事で計算ミスをしてしまい必要以上の額の徴収をしてしまったが、上司の指摘を受け訂正し、住民も納得している場合は問題になりますか？

■問題はどこに……………………………………………………

○計算ミスによる誤徴収について
○服務規律から見た当否

☑ 関連するルール

　職務専念義務（地公法第35条）（職務上の注意力のすべてをその職責遂行のために用いる。）、懲戒事由（地公法第29条第1項第2号）（職務上の義務に違反し、又は職務を怠った場合）

☑ ルールの解釈

　「職務を怠った場合」とは、職務遂行上の義務違反までには至らないまでも、職務の遂行が不十分であったり、職責を十分に果たしていない場合をいうと解されています。

　　　　☞【もう少しくわしく①】（P.10）、【もう少しくわしく⑥】（P.137）

■あてはめ・検討 …………………………………………………

　住民の財産にかかわる重要な職務遂行に当たってのミスは避けなければなりません。職務上のミスは、形式的に職務怠慢に当たります。しかし、一般的には、まず、指示、注意等を通じて再発のないような対応が行われます。なお、上司の指摘による是正の前段階でのチェック等が必要です。

　「分限処分に当たっての留意点等について」（平成21年3月18日人企－536）では、勤務実績不良又は適格性欠如と評価し得る事実の例として、「不完全な業務処理により職務遂行の実績があがらなかった」ことを挙げています。また、人事評価表記入時に初めて判断するのでなく、**日ごろから行動を把握して、必要な指示は適時に行うべきである**としています。

Q 26

書類を紛失してしまったが、重要なものでもなく、単に説明の補足資料であった場合は問題になりますか？

■問題はどこに……………………………………………………

○職務に関する書類を紛失することについて
○服務規律から見た当否

☑ 関連するルール

　職務専念義務（地公法第35条）（職務上の注意力のすべてをその職責遂行のために用いる。）、懲戒事由（地公法第29条第1項第2号）（職務上の義務に違反し、又は職務を怠った場合）

☑ ルールの解釈

　「職務を怠った場合」とは、職務遂行上の義務違反までには至らないまでも、職務の遂行が不十分であったり、職責を十分に果たしていない場合をいうと解されています。

☞【もう少しくわしく①】（P.10）、【もう少しくわしく⑥】（P.137）

■あてはめ・検討 ………………………………………………

　職務上の書類の紛失は避けなければなりません。そして、職務上のミスは、形式的に職務怠慢に当たります。しかし、一般的には、指示、注意等を通じて再発のないような対応が行われます。なお、重要なものであるかどうかは責任を問う場合の判断材料ではありますが、紛失自体が生じないよう、未然のチェック等が必要と考えられます。

　なお、新入職員研修などでベテラン職員が、「気を付けていても仕事ではミスをしてしまうこともある。しかし、肝心なのは、そこからだ。どうしていくかによってその人の真価が問われる。」と説明したりします。

　速やかに報告すべきで、ごまかしや隠蔽はあってはなりません。

Q27

決裁の省略

住民の申請に対する処分で、従来から特に内容に問題がなかった事例について上司の決裁があったことにして書類を作成することは問題になりますか？

■問題はどこに……………………………………

○必要な決裁を経なかった事務処理について
○服務規律から見た当否

☑　関連するルール

　職務専念義務（地公法第35条）（職務上の注意力のすべてをその職責遂行のために用いる。）、懲戒事由（地公法第29条第1項第1号）（法令違反）（同第2号）（職務上の義務に違反し、又は職務を怠った場合）

☑　ルールの解釈

　手続に関する法令・命令に違反する行為であると解されます。

☞【もう少しくわしく①】（P.10）、【もう少しくわしく⑥】（P.137）

■あてはめ・検討……………………………………

　決裁の省略が規定違反となる上、実質的に決裁権者である上司が承知しない手続きの進行という問題があります。また、特に「あったことにして」に隠れている危険を認識する必要があります。文書の偽造に当たる可能性もあります。

　「すべきこと」を「あったことにする」というのは、結果的に「しない」こととなり、大きな不祥事につながる危険があります。

　なお、「分限処分に当たっての留意点等について」（平成21年3月18日人企-536）では、勤務実績不良又は適格性欠如と評価し得る事実の例として、「所定の業務処理を行わなかった」ことの例として、「上司への業務報告を怠った。」、「書類の提出期限を守らなかった。」を挙げています。

Q 28

住民への回答期限を勘違いして期日に遅れてしまったものの実害がなかった場合は問題になりますか？

■ 問題はどこに……………………………………………

○業務での期限徒過について

○服務規律から見た当否

☑ 関連するルール

　職務専念義務（地公法第35条）（職務上の注意力のすべてをその職責遂行のために用いる。）、懲戒事由（地公法第29条第1項第1号）（法令違反）（同第2号）（職務上の義務に違反し、又は職務を怠った場合）

☑ ルールの解釈

　期日に遅れることは、義務違反・職務懈怠となります。

☞【もう少しくわしく①】(P.10)、【もう少しくわしく⑥】(P.137)

■ あてはめ・検討 ……………………………………………

　義務違反・職務懈怠として懲戒事由に該当することから直ちに処分に至るわけではなく（内部秩序維持上、必要な場合に懲戒処分が選択されます。）、勘違いをした職員への指導、注意などが行われるのが一般的です。

　ここでは**「実害が生じなかった」ということに隠れる危険**に注意しなければなりません。問題は、実害発生の有無ではなく、どうすれば期日徒過を防げたかです。職員自身のチェックの仕組みや、組織としての未然に防ぐための対応を検討すべきものといえます。

　なお、「分限処分に当たっての留意点等について」（平成21年3月18日人企－536）では、勤務実績不良又は適格性欠如と評価し得る事実の例として、「所定の業務処理を行わなかった」ことの例として、「書類の提出期限を守らなかった。」が挙げられています。

Q29

要望書の放置

住民からの要望書を1年近く放置してしまったが、特に行政運営に影響のないものだった場合は問題になりますか？

■問題はどこに……………………………………………

○要望書の放置について

○服務規律から見た当否

☑ 関連するルール

　職務専念義務（地公法第35条）（職務上の注意力のすべてをその職責遂行のために用いる。）、懲戒事由（地公法第29条第1項第1号）（法令違反）（同第2号）（職務上の義務に違反し、又は職務を怠った場合）

☑ ルールの解釈

　長期間放置したことは、義務違反・職務懈怠となります。

☞【もう少しくわしく①】(P.10)、【もう少しくわしく⑥】(P.137)

■あてはめ・検討 ……………………………………

　勘違いによる放置などについては、その職員への指導、注意などが行われるのが一般的ですが、義務違反・職務懈怠として懲戒事由に該当することから、内部秩序維持上、必要な場合には、懲戒処分が選択されます。

　ここでは「影響がないもの」ということに隠れる危険に注意しなければなりません。**問題は、影響の有無ではなく、どうすれば放置を防げたか**です。職員自身のチェックの仕組みや、組織としての未然に防ぐための対応（業務処理に関する適切なマニュアルの整備等）を検討すべきものといえます。また、住民の要望書に対しても誠実な対応を行う全体の奉仕者としての意識の再確認も求められます。

Q30

住民への書類に押印する公印を個人の机の引き出しに入れておくことは問題になりますか?

■問題はどこに……………………………………………

○規程違反の保管方法について

○服務規律から見た当否

☑ 関連するルール

職務専念義務(地公法第35条)(職務上の注意力のすべてをその職責遂行のために用いる。)、懲戒事由(地公法第29条第1項第1号)(法令違反)(同第2号)(職務上の義務に違反し、又は職務を怠った場合)

☑ ルールの解釈

近時公印自体の意義について議論はありますが、保管規程に違反する保管を行うことは職務命令、職務上の義務に反することになります。

☞【もう少しくわしく①】(P.10)、【もう少しくわしく⑥】(P.137)

■あてはめ・検討 ……………………………………

内規等に違反する行為ですが、単に保管の問題で非違行為としての不当性が高くないと考えられてしまいがちなケースです。

しかし、ルールを守る意識が欠如することは、コンプライアンスとして非常に危険です。**この程度のこと、許容される軽微なミスという意識が大きな不祥事につながる芽となる**ことに留意しなければなりません。

なお、ルールが守られない実態が少なくない場合には、ルール自体の根拠・必要性をあらためて確認することも必要です。守る必要がない、守る合理性が薄い規制は見直すことを怠ると、ルールを守らないことへの心理的な抑止力にも悪影響を与えます。

Q31

登録されていたDV被害者の住所をうっかり加害者に送付したが、すでに転居していた場合にも問題になりますか？

■問題はどこに……………………………………

○誤送付について
○服務規律から見た当否

☑ 関連するルール

　職務専念義務（地公法第35条）（職務上の注意力のすべてをその職責遂行のために用いる。）、懲戒事由（地公法第29条第1項第1号）（法令違反）（同第2号）（職務上の義務に違反し、又は職務を怠った場合）

☑ ルールの解釈

　住民の個人情報を誤って漏らすことは、職務上の義務違反に当たります。なお、守秘義務（地公法第34条）違反は、故意に漏らした場合のものです。
☞【もう少しくわしく①】（P.10）、【もう少しくわしく⑥】（P.137）

■あてはめ・検討……………………………………

　一職員の過失の問題を超え、組織としての防止策が求められます。
　なお、個人情報に関しては、さまざまな情報漏洩のリスクがあります。紛失や誤操作などの「過失型」のほか、不正持出しなどの企業内部者による「犯罪型」、不正アクセス攻撃による「被害型」があり（長瀬佑志・斎藤雄祐『コンプライアンス実務ハンドブック』）、その防止を組織として講じることが求められます。
　また、「公務員の守秘義務」の向こう側にある**「公務員は国民、住民の個人情報を守ってくれるはずだ」**という国民、住民の強い期待と信頼を裏切ってはなりません（中島茂「公務員とコンプライアンス　国民、住民の信頼を得るためになすべきこと」『人事院月報』2019年1月号）。

【参考⑭】

ヒューマンエラーという課題

　「不正行為」とは異なり、**本人が意図的に違法行為を行おうとしたわけではないものの、「失敗」（又はその危険）につながることは少なくありません。**

　行政の業務遂行に当たっては、行為者の意図がどうであったかにかかわらず、エラーを回避する必要があります。

　ジェームズ・リーズンは、『組織事故』で、エラー防止のための「安全文化の4つの要素」を示しています（芳賀繁『失敗のメカニズム』でも紹介）。

　①　報告する文化（Reporting culture）

　②　正義の（公正な）文化（Just culture）

　③　柔軟な文化（Flexible culture；変化する要求に効率的に適応できる文化を持つこと）

　④　学習する文化（Learning culture）

　また、彼は、その防止のヒントとして、スイスチーズモデル（穴の空いたスライスも重ねればそれが塞がるという例えで、複数の事象が連鎖を絶つことで事故の発生を防ぐもの）を提唱しています。マニュアルによるチェック（もちろん、いわゆるマニュアル主義の弊害にも留意する必要があります。）、グループでの対応、環境の整備などによって、ミスが生じない体制を整えることが望まれます。

　なお、仕事のミスは、人事評価では「業務実績不良」又は「適格性欠如」の判断材料となります。「分限処分に当たっての留意点等について」（平成21年3月18日人企―536）では、勤務実績不良又は適格性欠如と評価することができる事実の例として、次のものを示しています。

・勤務を欠くことにより職務を遂行しなかった。

・業務と関係ない用事で度々無断で長時間席を離れた。

　＊欠勤処理がなされていない場合でも勤務実績不良と評価され得る。

・不完全な業務処理により職務遂行の実績があがらなかった。

・業務ミスを繰り返した。

・所定の業務処理を行わなかった。

　＊その例として、「上司への業務報告を怠った。」、「書類の提出期限を守らなかった。」

・業務上の重大な失策を犯した。

Q32

SNSでの意見表明

自治体の政策に納得できないので反対する意見を個人の意見としてSNSで発信することは問題になりますか？

■問題はどこに……………………………………………………

○政策に反対する意見の発信について

○服務規律から見た当否

☑　関連するルール

　職務専念義務（地公法第35条）、守秘義務（地公法第34条）、懲戒事由（地公法第29条第1項第1号）（法令違反）（同第2号）（職務上の義務に違反し、又は職務を怠った場合）

☑　ルールの解釈

　勤務時間中に個人的意見を発信した場合には、職務専念義務に反します。意見表明が直ちに職務命令違反となるわけではなく、また、単なる意見の表明にとどまる場合は、守秘義務には違反しません。しかし、個人の意見であっても職員として政策に反対する意見を表明することが住民の信頼に混乱を与え、公務の信用を傷つける可能性はあります。

☞【参考⑮】（P.73）

■あてはめ・検討 ……………………………………………

　政策に納得できない、疑問を持つことは生じ得ることです。服務上、法令・命令に対して意見具申を行うことは認められると解釈されています。意見具申が行いやすい環境（風通しのよい職場）の整備も求められているところです。

　しかし、それを**外部に発信することは住民の混乱を招く危険性**があります。それを防止するための注意喚起、意識の涵養も求められます。

【参考⑮】

SNSというツール

　TwitterやFacebookなどのSNSへの不用意な投稿が原因となって投稿者本人が非難されたり、SNSへの消費者の投稿を契機として企業が予期せぬ非難に晒されたりする、いわゆる「炎上」に至ることもあります。

　SNSを通じた情報漏洩リスクの特徴としては、次のものがあるとされています。（長瀬佑志・斎藤雄祐『コンプライアンス実務ハンドブック』）

① 　簡易性：情報発信・拡散が簡易であること
② 　情報の恒久性：一度発信された情報は永久的に残存し続けるおそれがあること
③ 　伝播の迅速性：情報が第三者に拡散・伝達されるまでが迅速であること
④ 　公共空間性：オンライン上で誰でも閲覧できること
⑤ 　特定可能性：発信者や投稿内容の該当者を特定が可能であること
⑥ 　被害の甚大性：社会的信用が毀損されること

　また、SNSへの投稿について、安倍嘉一『従業員の不祥事対応実務マニュアル』では、次のような指摘をしています。

　「手軽に情報が発信でき、この結果、誰もが容易に自分の意見を公開することができるようになった。しかし、その一方で、一度投稿した内容は瞬時に不特定多数の第三者が閲覧できる状態になり、一度投稿されてしまった内容を完全に削除することはほぼ不可能である。それどころか、不適切な表現を削除しようとすることが、かえって周囲の関心を高め、さらに拡散する可能性もある。」

　「SNSは、手軽に情報発信できる便利なツールである反面、あまり検討せずに不要に投稿した内容であっても瞬時に拡散し、不特定多数の第三者から強く非難されたり、個人情報が公開されてしまうといったリスクも伴っている。」

　「従業員による個人的な投稿であっても、それが業務に関する内容である場合は企業が法的責任を負う場合もあると考えられるし、仮に業務と無関係な投稿であっても、当該投稿が世間一般に広がり、その結果企業の社会的評価が低下するようなことがあれば、企業としても評価の低下を防ぐため、謝罪等の対応をしなければならなくなることも出てくる可能性がある。」

　「社の信用失墜、売上げ減少、閉鎖という極めて大きな被害をもたらす結果になる。」

Q33

地方議員のパーティーに参加して個人の見解としてその議員を応援するスピーチをすることは問題になりますか？

■ 問題はどこに

○政治家への応援演説について

○服務規律から見た当否

☑ 関連するルール

政治的行為の禁止（地公法第36条）

☑ ルールの解釈

地公法第36条は、「政治的目的」に基づく「政治的行為」を禁止しています。

具体的には、同条第1項で、政治団体等の発足、代表就任等の行為（第1号）、署名活動への積極的な関与（第2号）などが列挙されています。服務上の政治的行為の禁止は、地方公務員の基本的人権との調和を図るもので、地公法の目的に適合する範囲で制限が認められると解されます（第3項）。

☞Q34、Q35、【もう少しくわしく①】（P.10）

■ あてはめ・検討

公の選挙に関しての投票の依頼等の内容でなく、個人の見解を述べることは直ちに、政治的行為の禁止に違反しません。

しかし、**職員の基本的人権との調和を図る「全体の奉仕者」、そして行政の公正さに関する信頼の維持という観点からの考慮**が求められます。

なお、議員は倫理規程に定める利害関係者には当たらないとされています。ただし、経営等を通じて許認可、契約関係等生じている場合、それに関わるときは利害関係者とされます。

Q34

日頃から付き合いのある地方議員に招かれて夕食を共にすることは問題になりますか？

■問題はどこに……………………………………………

○日頃から付き合いのある政治家との会食について

○コンプライアンス・倫理から見た当否

☑ 関連するルール

倫理規程第2条第1項（利害関係者）

☑ ルールの解釈

倫理規程第2条第1項は、許認可、補助金、検査、契約等の行為の相手方となる事業者又は個人を「利害関係者」として定め、それらの者との間での一定の行為（贈与や役務の提供を受けること等）を禁じています。

一般論として、政治家（議員）は倫理規程第2条が列挙する利害関係者には当たらないとされています。ただし、その議員が経営するなどの関わりをもつ地元の企業との関係で**事業者としての利害関係者**となることもあります。なお、会食自体も服務上の政治的行為の禁止（地公法第36条）には触れません。

☞人事院論点、Q33、Q35、【もう少しくわしく④】（P.92）

■あてはめ・検討 ……………………………………………

個別に許認可、契約等の観点から利害関係者となり得る場合を除いては、地方議員と夕食を共にすることは、倫理規程には反しません。

しかし、自治体職員については、職員・議員ともに住民が顔見知り又は識別できるようになっていることも少なくないことから、その会食場所への出入り等、**住民から見て疑念を生じることがないように**慎重な行動は求められるところです。

Q35 政治家との会食

地方議会閉会後、特定政党の所属議員たちの会食に加わることは問題になりますか？

■問題はどこに……………………………………………………

○特定政党の所属議員との会食について

○服務規律、コンプライアンス・倫理から見た当否

☑ 関連するルール

政治的行為の禁止（地公法第36条）

倫理規程第2条第1項（利害関係者）

☑ ルールの解釈

地公法第36条は、政治的目的に基づく政治的行為を禁止しています。

具体的には、同条第1項で、政治団体等の発足、代表就任等の行為（第1号）、署名活動への積極的な関与（第2号）などが列挙されています。会食に加わることはこれらには該当しないと解されます。服務上の政治的行為の禁止は、地方公務員の基本的人権との調和を図るもので、地公法の目的に適合する範囲で制限が認められると解されます（第3項）。

一般論として、政治家は倫理規程の利害関係者には該当しないとされています。

☞人事院論点、Q33、Q34、【もう少しくわしく①】(P.10)

■あてはめ・検討……………………………………………………

地方議会議員との信頼関係を形成することは、行政の立場の理解を得、他方、住民の現実のニーズなどの情報を取得し、円滑に業務を進めるのに有益なことといえます。

しかし、特定政党の所属議員の会食場所であることが会場で明示される場合も多く、その出入り等、**住民から見て疑念を生じることがないように政治的中立性の趣旨も踏まえた行動は求められる**ところです。

2　関連業者との事例

Q36

茶菓の提供

日頃から付き合いのある認可の相手方の業者とたまたま道で会った際に誘われて喫茶店でコーヒー・ケーキをごちそうになることは問題になりますか？

■問題はどこに…………………………………………

○認可の相手方から喫茶店でコーヒー等をごちそうになる行為について
○倫理から見た当否

☑　関連するルール

倫理規程第2条第1項（利害関係者）
倫理規程第3条第1項（禁止行為）

☑　ルールの解釈

認可の相手方は、倫理規程第2条第1項第1号（許認可）が定める「利害関係者」に該当します。そして、茶菓・飲食の提供を受けることは、倫理規程第3条第1項第6号が定める「供応接待」とされています。

☞【もう少しくわしく④】(P.92)

■あてはめ・検討 …………………………………………

このケースは、倫理規程で禁じられた茶菓の提供といえます。

腐敗・汚職の初期の段階は、「お近づき」、「この程度なら」から始まることを想起しなければなりません。なお、2005年の倫理規程見直しにより、利害関係者との「割り勘」による飲食が認められるようになりました。

しかし、自治体の現場ではどうでしょうか。親しく、会話をしているその姿を住民が見た場合にどのように感じられるでしょうか。結果としての不正の有無ではなく、**住民から見て、職務遂行の公正さに疑いを生じる行為をしない**ことが求められています。

Q37

出入り業者が壁掛け・卓上カレンダーを携えて挨拶にきたのでそれを受け取ることは問題になりますか？

■問題はどこに……………………………………………

○出入り業者からのカレンダーの提供を受けることについて

○コンプライアンス・倫理から見た当否

☑　関連するルール

倫理規程第2条第1項（利害関係者）

倫理規程第3条第1項（禁止行為）、第2項（禁止行為からの除外）

☑　ルールの解釈

「出入り業者」は、利害関係者です（倫理規程第2条第1項第7号）。

利害関係者からの贈与（倫理規程第3条第1項第1号）は禁止行為として掲げられていますが、その例外として、広く一般に配布されている記念品・宣伝用物品は受け取ることは認められます（倫理規程第3条第2項）。

具体的には、① 国家公務員以外にも幅広く配布されているか、② 記念性（○○記念）や宣伝性があるかの両方を満たしていることが要件と考えられています。

☞人事院解説、人事院論点、Q43、【もう少しくわしく④】（P.92）

■あてはめ・検討 ……………………………………………

人事院解説では、許容される行為の典型例とされています。社会的に相当と考えられる儀礼的な行為であるからというのが理由です。

しかし、自治体の現場では、社名を切除するなどの工夫も見られます。国のケースで禁止行為の例外の典型例ではあっても、特に、**住民との距離が近い**自治体職員の場合には、職場への訪問者の目に触れるところに特定の社名などが入った物を置くことについても慎重さが求められるところといえます。

Q38

補助金交付の相手方が主催するシンポジウムに招かれて、会場での挨拶をし、懇親会で食事を提供されることは問題になりますか？

■問題はどこに……………………………………

○補助金交付の相手方主催の会合に参加すること等について
○コンプライアンス・倫理から見た当否

☑　関連するルール

倫理規程第2条第1項（利害関係者）

倫理規程第3条第1項（禁止行為）、第2項（禁止行為からの除外）

☑　ルールの解釈

補助金交付の相手方は、利害関係者に当たります（倫理規程第2条第1項第2号）。補助金交付に関して公務の公正さへ疑念が生じ得ると考えられることから類型として掲げられているものです。

一般的に不特定多数が参加するシンポジウムに参加し、挨拶をすることは禁止されるものではありません。

食事を提供されることは、形式的に倫理規程第3条第1項第6号（供応接待）に該当しますが、職務として参加したシンポジウムであって、簡素な食事の提供を受けることは、禁止行為の例外（倫理規程第3条第2項）とされています。その行動自身から疑念を生じないものと整理されています。

☞倫理規程、【もう少しくわしく④】（P.92）

■あてはめ・検討 ……………………………………

一般的に許容される行為と考えられますが、当然に補助金交付での不平等な取扱いを推測される行為は許されず、また、会場での行動が**住民からみてどのように感じられるか**についても留意することは求められます。

Q39

説明の場での食事・茶菓提供

行政指導の相手方の依頼に応じて先方の会社で説明を行った際、昼食と茶菓の提供を受けることは問題になりますか？

■問題はどこに……………………………………………

○行政指導の相手方から食事等の提供を受けることについて

○コンプライアンス・倫理から見た当否

☑　関連するルール

　倫理規程第2条第1項（利害関係者）

　倫理規程第3条第1項（禁止行為）

☑　ルールの解釈

　倫理規程第2条第1項第5号は、行政指導の相手方も利害関係者として明示しています。行政指導は、処分には該当せず（行政手続法第2条第6号）、「あくまでも相手方の任意の協力によってのみ実現される」（同法第32条）です。しかし、行政機関がその任務又は所掌事務の範囲内の事項について「一定の作為又は不作為を求める」行為であることから、行政機関が相手方に一定の影響力を及ぼす行為であると考えられ、倫理規程では利害関係者として整理をしています。

　茶菓の提供については、形式的には倫理規程第3条第1項第6号の供応接待にあたりますが、社会通念として認められるような「軽微な接遇」「簡素な食事」は除外されるとされます（同条第2項第5号、第7号）。

☞人事院解説、人事院論点、【もう少しくわしく④】(P.92)

■あてはめ・検討 ……………………………………………

　一般論として、禁止行為から除外されるものとなります。しかし、回を重ねるごとに内容が変化したり、信頼関係構築の深まりを背景として、場を改めての会食の誘いなどに至ることの**危険等を意識しておく**ことは「杞憂」とまではいえないことも留意することが求められます。

Q40

立ち入り検査の実施日に相手先から車での送迎を受けることは問題になりますか？

■問題はどこに……………………………………………

○立入検査の相手方から車の送迎を受けることについて

○コンプライアンス・倫理から見た当否

☑　関連するルール

倫理規程第2条第1項（利害関係者）

倫理規程第3条第1項（禁止行為）、第2項（除外）

☑　ルールの解釈

立入検査の対象者は利害関係者となります（倫理規程第2条第1項第3号）。

車での送迎は、禁止行為としての便宜供与に当たります（倫理規程第3条第1項第6号）。ただし、例外として、**職務を円滑に遂行する上で必要**であり、問題がないと認められる程度の場合には、利害関係者から提供される自動車を利用することが認められます。提供される自動車は、**当該利害関係者が業務・通勤等に日常的に利用しているもの**に限られ、当該職員のために特に用立てたハイヤーなどは認められないとされています。

☞人事院解説、人事院論点、【もう少しくわしく④】（P.92）

■あてはめ・検討 ……………………………………………

車での送迎は、原則として認められないこととなります。やむを得ない例外的な場合には認められますが、形式的にやむを得ない場合を解釈するのではなく、**そのような事態に陥らないための準備**は必要です。

Q41

実地での監査を行ったところバスのない時間になってしまったため相手先の会社の車で送ってもらうことは問題になりますか？

■問題はどこに……………………………………………

○監査先で車の便宜供与を受けることについて
○コンプライアンス・倫理から見た当否

☑ 関連するルール

倫理規程第2条第1項（利害関係者）
倫理規程第3条第1項（禁止行為）第2項（除外）

☑ ルールの解釈

　実地検査の対象者は利害関係者となります（倫理規程第2条第1項第3号）。

　車での送迎は、禁止行為としての便宜供与に当たります（倫理規程第3条第1項第6号）。ただし、例外として、職務を円滑に遂行する上で必要であり、問題がないと認められる程度の場合には、利害関係者から提供される自動車を利用することが認められます。自動車は、当該利害関係者が業務・通勤等に日常的に利用しているものに限られ、当該職員のために特に用立てたハイヤーなどは認められないとされています。

☞人事院解説、人事院論点、【もう少しくわしく④】(P.92)

■あてはめ・検討 ……………………………………

　バスのない時間になってしまった場合には、利用が認められる要件を満たすものといえます。

　しかし、検査に赴く場合の事前の準備の過程でさまざまな状況を予測して、**そのような事態に陥らないようにすること**も必要です。

Q42

課長が出入り業者から贈られた果物を課員に分けた場合に課員については問題になりますか？

■ 問題はどこに……………………………………………

○贈答品の受領・他の職員への配分について

○コンプライアンス・倫理から見た当否

☑ **関連するルール**

倫理規程第3条第1項（禁止行為）

☑ **ルールの解釈**

出入り業者から送られた果物を受け取ることは贈与を受けることであり、禁止されています（倫理規程第3条第1項第1号）。

それを配分することは適切な措置・処分ではありません。

☞人事院解説、人事院論点、【もう少しくわしく④】（P.92）

■ あてはめ・検討 ……………………………………

利害関係者からの受贈に加え、さらに配分することはコンプライアンス・倫理に違反します。特に、管理監督者である課長は、コンプライアンス・倫理について、率先垂範する立場にあり、軽率な行動は慎まなければなりません。

果物は論外として、社会通念上一般的なものであっても、慎重に考えてから行動することが求められます。

なお、利害関係者からなま物が送られてきたので返送したが、相手方が不在で連絡がつかず、腐りかけてきたため、配達業者が再度当方に戻してきた場合について、いったん返送したことにより必要な措置は講じたものと考えられるため、適宜処分して差し支えないと解されています（倫理規程質疑応答集問26）。

Q43
義理チョコ

親しくしている営業担当者から、義理チョコを受け取ることは問題になりますか？

■問題はどこに……………………………………………………

○営業担当者からの贈与について

○コンプライアンス・倫理から見た当否

☑ 関連するルール

倫理規程第2条第1項（利害関係者）

倫理規程第3条第1項（禁止行為）、第2項（禁止行為からの除外）

☑ ルールの解釈

親しくしている営業担当者は、利害関係者（倫理規程第2条第1項第7号）に該当します。

利害関係者からの贈与は禁止行為として掲げられています（倫理規程第3条第1項第1号）が、その例外として、広く一般に配布されている記念品・宣伝用物品は受け取ることは認められます（倫理規程第3条第2項）。

具体的には、① 国家公務員以外にも幅広く配布されているか、② 記念性（○○記念）や宣伝性があるかの両方を満たしていることが要件と考えられています。

☞人事院論点、なお、人事院「まんがQ&A」、【もう少しくわしく④】（P.92）

■あてはめ・検討 …………………………………………………

「義理チョコ」の場合、上記①については該当する場合が多いと思われますが、②については、一般に市販の物であって、企業の記念品や宣伝のためのもので、社会的に相当と考えられる儀礼的な行為とは解されないとされています。

これぐらいはかまわないのではないか、という危険な芽に注意しなければならないところです。

Q44

関連業者とゴルフをすることは禁止されているそうですが、テニスをすることは問題になりますか？

■ 問題はどこに

○関連業者とテニスを共にすることについて

○コンプライアンス・倫理から見た当否

☑ 関連するルール

倫理規程第3条第1項（禁止行為）

☑ ルールの解釈

利害関係者とゴルフをすることは、倫理規程第3条第1項第7号が例示して禁じています。

その経緯としては、過去に過剰接待の舞台としてのゴルフ旅行の事例などがあります。公務員が自分が許認可等を与えたりする事務に携わっている相手方と、一緒にゴルフや旅行をしたりする姿を一般の人が見れば、職務の執行の公正さに対して疑問を持つような行為といえます。このため、職員が自己の費用を負担するか否かを問わず、ゴルフ・遊技や旅行を禁止することとされています。

規程が定める「遊技又はゴルフ」のうち、「遊技」には、麻雀、ポーカーが該当すると解されています。テニスについては倫理規程の解釈としては禁止対象とは解釈されていません。

☞人事院解説、人事院論点、【もう少しくわしく④】(P.92)

■あてはめ・検討

解釈としては、テニスはゴルフのように不正等の疑念を生じる場面として定められていません。しかし、自治体によってはテニスを禁止行為として掲げる例もあり、テニスという機会が契機として**公務の公正さに疑念を生じる行為となり得る危険性**には留意することが必要です。

Q45

共にする麻雀

関連業者と麻雀をすることは問題になりますか？

■問題はどこに……………………………………………

○関連業者との麻雀について

○コンプライアンス・倫理から見た当否

☑ 関連するルール

倫理規程第3条第1項（禁止行為）

☑ ルールの解釈

　倫理規程第3条第1項第7号（利害関係者と共にする遊技）は、その経緯としては、利害関係者とゴルフや「遊技」をする場面が、職務の執行の公正さに対して疑問を持つような行為といえます。

　倫理規程が定める「遊技又はゴルフ」のうち、「遊技」には、麻雀、ポーカーが該当すると解されています。利害関係者とゲームを行う場がいわば密室としてコンプライアンス・倫理に違反する行為の温床になると考えられています。

☞人事院解説、Q56、【もう少しくわしく④】（P.92）

■あてはめ・検討 …………………………………………

　麻雀は利害関係者との禁止行為である遊技の典型例として挙げられます。

　なお、麻雀に際して「賭け」が行われることも多くあり、犯罪行為としての賭博についても留意しなければなりません。刑法第185条は、「賭博をした者は、50万円以下の罰金又は科料に処する。ただし、一時の娯楽に供する物を賭けたにとどまるときは、この限りでない。」とし、さらに常習者については「3年以下の懲役に処する」と加重されています。賭け麻雀は、掛け金が社会的に相当でないと考えられる場合には、刑法にいう賭博に該当します。

Q46

共にする旅行

親しくしている関連業者との会話で近くの温泉が話題となったので、費用はそれぞれが負担することとして一緒に旅行することは問題になりますか？

■問題はどこに・・・・・・・・・・・・・・・・・・・・・・・・・・・・・・・・・・・・・・・

○関連業者と共に旅行することについて

○コンプライアンス・倫理から見た当否

☑　関連するルール

倫理規程第3条第1項（禁止行為）

☑　ルールの解釈

　利害関係者と共にする旅行は禁止行為に該当します（倫理規程第3条第1項第8号）。過去のコンプライアンス・倫理違反の事例でも旅行の場を通じて行われた者も少なくなかったことから、類型として定められました。

　職員が自己の費用を負担するか否かを問わず禁止対象となっています。利害関係者が職員の費用を負担した場合は、倫理規程第3条第1項第6号が定める供応接待にも該当します。

☞人事院解説、【もう少しくわしく④】（P.92）

■あてはめ・検討・・・・・・・・・・・・・・・・・・・・・・・・・・・・・・・・・・・・・・・

　費用をそれぞれが負担するとしても利害関係者と共にする旅行は、禁止行為に該当します。

　なお、たまたまパック旅行のグループで一緒になったり（事前には知らなかった場合）はこれに当たらないと解されます。また、公務のための旅行についても職務遂行上、利害関係者と共に旅行することが必要となる場合もあることから許されるものと解されています。

Q47

祝　電

結婚式に関連業者から祝電を受け取ることは問題になりますか？

■問題はどこに……………………………………………………

○関連業者からの祝電について

○コンプライアンス・倫理から見た当否

☑ **関連するルール**

倫理規程第3条第1項（禁止行為）

☑ **ルールの解釈**

祝電については、倫理規程第3条第1項第1号（贈与）に該当しないものと解されます。

なお、電報用紙等の付属品については、特に高価なものでない限り、そのこと自体によって影響はないと解されています。

☞人事院解説、【もう少しくわしく④】(P.92)

■あてはめ・検討 ……………………………………………………

少なくとも参加者への紹介、読み上げは控えるべきものと考えられます。

しかし、一般に、いわゆる冠婚葬祭は、それを契機とする利害関係者の禁止行為がなされる危険がある場面です。

祝福される式等の中でも、**公務員の立場としてのコンプライアンス・倫理に留意する**ことも求められるところです。

Q48

祝い品

結婚式で採用同期一同からの祝い品が送られて
きたが、その中にすでに退職して契約の相手方
企業の社員となっている者が含まれていた場合
には問題になりますか？

■問題はどこに……………………………………

○祝い品の提供について

○コンプライアンス・倫理から見た当否

☑　関連するルール

倫理規程第2条第1項（利害関係者）

倫理規程第3条第1項（禁止行為）

☑　ルールの解釈

　同期一同の場合について、採用同期という個人的動機に基づいて行
われる行為であることが明らかである場合であれば、利害関係者から
の贈与には該当せず、祝い品の受領は認められると解されます。

　契約の相手方企業に勤務する者は形式的に利害関係者に当たり、祝
い品の賛同者に利害関係者が含まれることになりますが、ことさら役
職名等が付されているものでなく「同期一同」として個人的動機に基
づいて、他の者と同じ金額を出し合った状況であれば、禁止行為には
該当しないと解されます。

☞人事院解説、【もう少しくわしく④】（P.92）

■あてはめ・検討 ……………………………………

　同期一同として特に契約相手方の社名が明示されたり、分担額に違い
があるわけでなければ、コンプライアンス・倫理に照らして許容されます。
念のために相手方会社の関わりを確認することも慎重な対応といえます。

Q49

香典

親族の葬儀でその親族と友人だった関連業者から香典を受け取ることは問題になりますか？

■ 問題はどこに……………………………………………………

○故人の友人であった関連業者からの香典について

○コンプライアンス・倫理から見た当否

☑　関連するルール

倫理規程第3条第1項（禁止行為）

☑　ルールの解釈

　職員の親族の葬式に際し、香典を持参した者が職員の利害関係者である場合において、亡くなった親族との関係で持参したもので、通常の社交儀礼の範囲内のものと認められる場合には受領することができると解されます。

　なお、葬式の際に受付の者が職員の利害関係者に該当するかどうかを判断することは困難であるため、利害関係者からの香典を受け取った場合については、葬式終了後、香典が誰に帰属しているかが判明した後に速やかに利害関係者に返却すれば、金銭の贈与を受けたことには該当しないものとして取り扱うこととされています。

☞Q50、人事院解説、人事院論点、【もう少しくわしく④】(P.92)

■ あてはめ・検討 ……………………………………………

　葬儀の場面での香典、供花、花輪、弔電等については、いわゆる冠婚葬祭を契機とする利害関係者の禁止行為がなされる危険がある場面です。遺族としての悲しみの中にありながら、**公務員であることの立場からのコンプライアンス・倫理の保持**も求められるところです。

Q50

親族の葬儀の際、関連業者から社名入りの花輪を受け取ることは問題になりますか？

■問題はどこに……………………………………………

○関連業者の社名入りの花輪について

○コンプライアンス・倫理から見た当否

☑　関連するルール

倫理規程第3条第1項（禁止行為）

☑　ルールの解釈

　利害関係者からの花輪を受け取ることは、禁止行為としての贈与を受けることに当たります（倫理規程第3条第1項第1号（贈与））。届けられたときも、受領せずに持ち帰ってもらうとの対応をとることが原則となります。

　職員の家族が知らずに受け取ってしまい、受領の事実に気づくのが遅れ式場に花輪が飾られてしまった場合については、当該花輪に付された送り主の札を外すことで対応することが適切とされます。葬式が終了するまでに職員が当該花輪の受領を認識しなかった場合は、受領したことにならないと解されます。

☞Q49、人事院解説、人事院論点、【もう少しくわしく④】（P.92）

■あてはめ・検討 ……………………………………………

　葬儀の場面での香典、供花、花輪、弔電等については、いわゆる冠婚葬祭を契機とする利害関係者の禁止行為がなされる危険がある場面です。

　申出があれば辞退する、もし事後に知った場合には、撤去等見えなくするなどの措置を講じることが求められます。

■ 第2章 ■ こんな時どうする？　事例別　地方公務員のコンプライアンス

もう少しくわしく④

倫理規程が定める利害関係者・禁止される行為

「利害関係者」との間の「禁止行為」（一定の場合には、「除外」）
　　　私的関係に基づく場合の「例外」
「利害関係者」以外の者との間の「禁止行為」

　倫理規程が定める利害関係者・禁止される行為については、まず、原則として、定められた「利害関係者」による、定められた「禁止行為」が制限され、ただし、「禁止行為」に形式上該当しても、疑念・不信の危険の薄いものは「除外」され、「利害関係者」に形式的に該当しても、私的関係がある一定のものは「例外」とされます。

　他方、「利害関係者」とならない者との間でも、一定の行為が禁止されています。

(1)　利害関係者（倫理規程第2条）

　基本的には倫理法第5条第1項の「職員の職務に利害関係を有する者」であり、特定の事務に関わる職員が当該者との間で倫理規程の定める一定の行為を行うことが、職務の執行の公正さに対する国民の疑惑や不信を招くおそれがある者のことをいいます。

・許認可等（第1号）
・補助金等の交付（第2号）
・立入検査、監査、監察（第3号）
・不利益処分（第4号）
・行政指導（第5号）
・所掌する事業の発達、改善及び調整に関する事務（第6号）
・契約（第7号）
・予算、級別定数、定員の査定（第8号～第10号）

(2)　禁止行為（倫理規程第3条第1項）

・利害関係者から金銭、物品又は不動産の贈与を受けること（祝儀、香典等）（第1号）
・利害関係者から金銭の貸付けを受けること（第2号）
・利害関係者から又は利害関係者の負担により、無償で物品又は不動産の貸付けを受けること（第3号）
・利害関係者から又は利害関係者の負担により、無償で役務の提供を受けること（第4号）
・利害関係者から未公開株式を譲り受けること（第5号）

・利害関係者から供応接待を受けること（第6号）

・利害関係者と共に遊技又はゴルフをすること（第7号）

・利害関係者と共に旅行をすること（第8号）

・利害関係者をして、第三者に対し前各号に掲げる行為をさせること（第9号）

(3)　禁止行為から「除外」されるもの（倫理規程第3条第2項）

贈与であっても

利害関係者から宣伝用物品又は記念品であって広く一般に配布するための
ものの贈与

多数の者が出席する立食パーティー（飲食物が提供される会合であって立
食形式で行われるものをいう。以下同じ。）において、利害関係者からの
記念品の贈与

役務の提供（便宜の供与）であっても

職務として利害関係者を訪問した際に、当該利害関係者から提供される物
品を使用

職務として利害関係者を訪問した際に、当該利害関係者から提供される自
動車（当該利害関係者がその業務等において日常的に利用しているものに
限る。）を利用すること

供応接待であっても

職務として出席した会議その他の会合において、利害関係者から茶菓の提
供を受けること

多数の者が出席する立食パーティーにおいて、利害関係者から飲食物の提
供を受けること

職務として出席した会議において、利害関係者から簡素な飲食物の提供を
受けること

(4)　利害関係者に関する「例外」（倫理規程第4条）

私的な関係（職員としての身分にかかわらない関係をいう。以下同じ。）
がある者であって、利害関係者に該当するものとの間においては、職務上の
利害関係の状況、私的な関係の経緯及び現在の状況並びにその行おうとする
行為の態様等にかんがみ、公正な職務の執行に対する国民の疑惑や不信を招
くおそれがないと認められる場合に限り、制限から「除外」されます。

(5)　利害関係者以外の者等との間における禁止行為（倫理規程第5条）

その者から供応接待を繰り返し受ける等社会通念上相当と認められる程度
を超えて供応接待又は財産上の利益の供与を受けてはならないこととされて
います。

また、いわゆるつけ回し（受領の対価を、その者が利害関係者であるかを
問わず、それらの行為が行われた場に居合わせなかった事業者等にその者の
負担として支払わせること）は禁止されます。

3　勤務外・休暇中・プライベートの事例

Q51

親睦会費の一時的流用

消費者金融からの借金返済のため、職場で預かっている親睦会費から必要額を流用し、数日後の給料日に補填した場合には問題になりますか？

■問題はどこに……………………………………………

○親睦会費の一時的な私的流用について

○服務規律から見た当否

☑　関連するルール

信用失墜行為の禁止（地公法第33条）

業務上横領（刑法第253条）

☑　ルールの解釈

　職場で預かっている親睦会費は業務上親睦会から委託されて「占有」しているもので、それを自己のために利用する行為は、犯罪行為（業務上横領）となります（刑法第253条「業務上自己の占有する他人の物を横領した者は、十年以下の懲役に処する。」）。

　いったん自己のために利用したことで**すでに既遂に達しており、後日補填したことは罪の成否には関わりません。**

　判例では「不法領得の意思」が現れることで成立し、それは、「委託の任務に背いて、その物につき権限がないのに所有者でなければできないような処分をする意志をいう」（最判昭和24年3月8日刑集3巻3号276頁）とされています。

☞【もう少しくわしく①】（P.10）

■あてはめ・検討 ……………………………………

　犯罪行為は、いわゆる公務外非行として、公務全体の信用を傷つけるもので地公法第33条に違反します。懲戒処分の対象ともなります。

Q52

消費者金融から借金をしているが額が多くなり利息の返済もままならなくなってしまったところ、業者から職場に催促の電話がかかることは問題になりますか？

■問題はどこに

○職場への電話について

○服務規律から見た当否

☑ 関連するルール

職務専念義務（地公法第35条）

信用失墜行為の禁止（地公法第33条）

☑ ルールの解釈

職員の借金（消費貸借契約に基づく借入れ）自体は、特に服務上問題となるわけではありません。

他方、職員には、職務専念義務があります。

☞【もう少しくわしく①】(P.10)

■あてはめ・検討

職務専念義務に照らして、督促の電話がかかってきたという時点で、直ちに専念できない状況に至ったとまではいえません。しかし、返済が滞る事態から「次」の事態（職務に専念できなくなる、欠勤に至る、不正行為に手を染める等）への危険は内在しているといえます。

本人の自覚の問題が基本となりますが、特に職場の上司（管理監督者）は、**日頃からの部下の観察を通じて、「いつもと違う」、「心ここにあらず」といった端緒**を発見した場合には、相談、指導を行うことが期待されます。過度な関与に注意しつつ、個人的な悩みが職員の能力発揮に影響しないような環境整備も求められます。

Q53 喫 煙

ヘビースモーカーでありたばこが切れると仕事に集中できなくなるので、トイレ、自動販売機や売店に行く機会に庁舎外に出て喫煙することは問題になりますか？

■問題はどこに‥‥‥‥‥‥‥‥‥‥‥‥‥‥‥‥‥‥‥

○勤務時間中の喫煙について
○服務規律から見た当否

☑ **関連するルール**

職務専念義務（地公法第35条）

☑ **ルールの解釈**

　職務専念義務は、「注意力のすべてをその職責遂行のために用いなければならない」こととされています。

　喫煙に関しては、健康増進推進法の改正などにより、間接喫煙の危険除去、執務室の環境保持に関する措置が講じられてきています。

☞【もう少しくわしく①】(P.10)

■あてはめ・検討‥‥‥‥‥‥‥‥‥‥‥‥‥‥‥‥‥‥

　職務専念義務については、もちろん、文字通りに、勤務時間中一刻も気を緩められないというわけではなく、むしろ能率向上のためのメリハリの付いた勤務は必要であるといえます。

　しかし、喫煙に関する行政機関の取組に照らしても、喫煙の習慣についていわゆる「卒煙」のための自助努力も求められるところです。

　特に庁舎外での喫煙は、職務専念義務の観点からも不適切な行為となるものです。「集中できない」ということは理由になりません。能率的な職務遂行のために必要、貴重な情報交換の場であるといった「言い訳」は社会常識に照らして許容されないものといえます。

Q54

FXトレードが気になるものの職場のパソコンは使えないので、休憩時間や何度かトイレに行った際にスマホで取引を行うことは問題になりますか？

■ 問題はどこに……………………………………

○休憩時間・勤務時間、庁舎内での個人取引について
○服務規律から見た当否

☑ 関連するルール

職務専念義務（地公法第35条）
信用失墜行為の禁止（地公法第33条）

☑ ルールの解釈

職務専念義務は、「法律又は条例に特別の定がある場合を除く外」の義務、つまり、休暇、休憩時間など職務専念義務が免除された場合には除かれ、また、休憩時間は、公序良俗に反しない範囲で、原則として自由な利用が認められると解されます。

私的な取引を行うこと自体は、公務の信用を損なうものとはいえません。

☞【もう少しくわしく①】（P.10）

■ あてはめ・検討 ……………………………

FX（Foreign Exchange、外国為替証拠金取引）は、個人が電話、インターネットを介して随時取引が可能なもので、休憩時間等を利用したスマホによる取引を行うことは可能です。

職場のパソコンは職務に用いるためのものであることからこれを用いないことは当然ですが、取引のことが気にかかり、職務への影響が生じることも起こります。経済的活動の自由には配慮しつつも、職場の上司には、適切な相談・指導を行うことが期待されます。

Q55

勤務時間後帰宅途中で、千円札を見つけて拾ったが、交番に届けようとしたものの誰もいなかったのでそのままにしたことは問題になりますか？

■ 問題はどこに……………………………………

○遺失物の取得について

○服務規律、コンプライアンス・倫理から見た当否

☑ 関連するルール

信用失墜行為の禁止（地公法第33条）

遺失物等横領罪（刑法第254条）

☑ ルールの解釈

　拾った千円札をそのまま自己の専有物とすることは、犯罪行為（遺失物等横領）となります。刑法第254条は「遺失物、漂流物その他占有を離れた他人の物を横領した者は、1年以下の懲役又は10万円以下の罰金若しくは科料に処する。」としています。なお、遺失物法（平成18年法律第73号）第4条では、「拾得者は、速やかに、拾得をした物件を遺失者に返還し、又は警察署長に提出しなければならない。」とされているところです。

　犯罪行為については、いわゆる公務外非行として、信用失墜行為に当たります（地公法第33条）。

☞【もう少しくわしく①】（P.10）

■ あてはめ・検討 ……………………………………

　このようなケースについて、倫理研修では、額の多寡、状況等によりどのように判断するかを実際の経験を踏まえて意見交換を行います。

　あるべき姿については、当然答えは一つですが、**現実の行動につながる**ことが必要です。

Q56

賭け麻雀

学生時代からの友人と麻雀をしていたところ、途中から掛け金のレートが上がっていってしまったが2時間ほどで切り上げた場合には問題になりますか？

■問題はどこに……………………………………

○賭け麻雀について
○服務規律から見た当否

☑　関連するルール

信用失墜行為の禁止（地公法第33条）
賭博（刑法第185条）、常習賭博及び賭博場開張等図利（第186条）

☑　ルールの解釈

　麻雀は、賭け金が社会的に相当な範囲を超えるものは、賭博行為となります。刑法第185条は「賭博をした者は、50万円以下の罰金又は科料に処する。」とし、また、常習性がある場合には、刑罰が加重されます（第186条）。

　犯罪行為については、いわゆる公務外非行として、信用失墜行為に当たります（地公法第33条）。

☞Q45、【もう少しくわしく①】（P.10）

■あてはめ・検討 …………………………………

　禁止される利害関係者との「遊技」の代表例として麻雀が掲げられています。麻雀というゲーム自体は違法なものではありませんが、麻雀卓を囲む場面でのやり取り等が職務遂行の公正さに疑念を生じることにつながる場面も過去の例などから懸念されるものです。

　賭け麻雀として、賭け金のレートが上がり、犯罪に該当する場合には、信用失墜行為として懲戒処分の対象ともなります。

Q57

病気休暇中の行為

1ヶ月の病気休暇中に体調がよかったので地元のスポーツ大会に参加して運良く優勝できてしまったのでそのことをSNSに載せることは問題になりますか？

■問題はどこに……………………………………………

○病気休暇中の行為について
○服務規律から見た当否

☑ 関連するルール

職務専念義務（地公法第35条）
信用失墜行為の禁止（地公法第33条）

☑ ルールの解釈

病気休暇は、職務専念義務の免除の仕組みの一つです。勤務時間条例では、一般に、療養のために心身の故障のために勤務しないことがやむを得ないと認められる必要最小限度の期間について承認されるものです。休暇中の外出も必要な場合には認められます。

☞Q32、【参考⑮】（P.73）

■あてはめ・検討 ……………………………………………

療養の趣旨に照らして休暇中の行動が不適切な場合は、休暇の不正取得の問題となります。

SNS投稿については、不特定多数がアクセスし得ることから、自治体職員の行為としての非難が広がるケースもあります。山口真一「『炎上』のメカニズムを考える」（『人事院月報』2019年6月号）では、ツールによる顕在化、拡散力が大きいため、攻撃的な人や批判的な人に情報が届きやすくなり、批判的なレビューの負の効果が大きくなるとされます。結果として、公務全体の信頼を損なう結果につながる危険もあります。

Q58

休日に仕事とは関係のないことで運転をする際に少量の日本酒を飲んでいたが事故も起こさなかった場合には問題になりますか？

■問題はどこに……………………………………

○飲酒運転について
○服務規律から見た当否

☑　関連するルール

信用失墜行為の禁止（地公法第33条）
酒気帯び運転（道路交通法第65条第1項）

☑　ルールの解釈

　少量の酒であっても、酒気帯び運転に該当すれば、道路交通法第65条に違反します（酒気を帯びた状態は、呼気（吐き出す息）1リットル中のアルコール濃度が0.15mg以上検出された状態とされています。）。

　道路交通法違反の行為については、職務専念義務が免除されている休日の行為であっても、信用失墜行為（地公法第33条）とされ、懲戒処分の標準例にも掲げられています。

☞Q59、Q60、Q61、【参考②】（P.15）、【もう少しくわしく⑤】（P.135）

■あてはめ・検討……………………………………

　公務員の飲酒・酒気帯び運転に対しては社会の厳しい目がむけられています（平成18年の綱紀粛正通知）。

　ただし、留意しなければならないのは、懲戒処分は、公務組織内での内部規律維持のためのもので、懲戒権者（任命権者）が、その裁量の範囲で行うものであることです。十分に吟味することが必要です。

Q59

運転免許の期間が切れているが、家族の買い物の手伝いのために近所を自家用車で往復することは問題になりますか？

■問題はどこに・・・・・・・・・・・・・・・・・・・・・・・・・・・・・・・・・・

○無免許運転について

○服務規律から見た当否

☑ 関連するルール

信用失墜行為の禁止（地公法第33条）

無免許運転（道路交通法第64条）

☑ ルールの解釈

　無免許運転は認められません。道路交通法第64条は、「何人も、…公安委員会の運転免許を受けないで…（…運転免許の効力が停止されている場合を含む。）、…運転してはならない。」と規定しています。

　なお、懲戒処分の標準例では、無免許運転は例示には含まれていません。

☞Q77

■あてはめ・検討 ・・・・・・・・・・・・・・・・・・・・・・・・・・・・・・・・・

　懲戒処分の標準例は例示に過ぎず、**例示されていないことで処分の対象とならないわけではありません。**

　無免許運転の事情や頻度などから、信用失墜行為（地公法第33条）として問責されることはあります。

　なお、倫理研修などで無免許運転の当否をたずねると「すべきではない」という答えが即座に返るのが一般的ですが、実社会の生活では必ずしも理解しているとおりの行動とならないことがあります。

Q60

休日に酒気帯び運転で交通事故を起こしてしまったが、相手方とは保険会社が入って示談となり両者に全く不満が残らなかった場合には問題になりますか？

■問題はどこに‥‥‥‥‥‥‥‥‥‥‥‥‥‥‥‥‥‥‥‥

○酒気帯び運転について

○服務規律から見た当否

☑ **関連するルール**

信用失墜行為の禁止（地公法第33条）

酒気帯び運転（道路交通法第65条第1項）

☑ **ルールの解釈**

酒気帯び運転は、道路交通法第65条に違反します（酒気を帯びた状態は、呼気（吐き出す息）1リットル中のアルコール濃度が0.15mg以上検出された状態とされています。）。

道路交通法違反の行為については、職務専念義務が免除されている休日の行為であっても、信用失墜行為（地公法第33条）とされ、懲戒処分の標準例にも掲げられています。

☞Q58、Q61、【参考②】(P.15)、【もう少しくわしく⑤】(P.135)

■あてはめ・検討‥‥‥‥‥‥‥‥‥‥‥‥‥‥‥‥‥‥

公務員の飲酒・酒気帯び運転に対しては社会の厳しい目がむけられています（平成18年の綱紀粛正通知）。示談等の事情によってまったく免責されるわけではありません。

ただし、留意しなければならないのは、懲戒処分は、公務組織内での内部規律維持のためのもので、懲戒権者（任命権者）が、その裁量の範囲で行うものであることです。十分に吟味することが必要です。

Q61

飲酒運転

時間外の職場の懇親会に自家用車で参加した際、飲酒をしないつもりであったが事情を知らない同僚に勧められるままに飲酒したので、運転代行を依頼したがなかなか見つからず、酔った自覚もなかったので自家用車で帰宅したことは問題になりますか？

■問題はどこに……………………………………………

○飲酒運転について

○服務規律から見た当否

☑　関連するルール

　信用失墜行為の禁止（地公法第33条）

　酒気帯び運転（道路交通法第65条第1項）

☑　ルールの解釈

　飲酒運転は道路交通法第65条に違反します。職務専念義務が免除されている時間外の行為であっても、信用失墜行為（地公法第33条）とされ、懲戒処分の対象となります。

☞ Q59、Q60、【参考②】(P.15)、【もう少しくわしく⑤】(P.135)

■あてはめ・検討……………………………………………

　公務員の飲酒・酒気帯び運転に対しては社会の厳しい目がむけられています（平成18年の綱紀粛正通知）。

　ただし、留意しなければならないのは、懲戒処分は、公務組織内での内部規律維持のためのもので、懲戒権者（任命権者）が、その裁量の範囲で行うものであることです。動機、態様等を総合的に判断せずに量定を行うことは避けなければなりません。

Q62

友人からのプレゼント

学生時代からの友人で将来的に許認可の対象となる可能性のある会社の社員となっている者から誕生日のプレゼントを受け取ることは問題になりますか？

■問題はどこに……………………………………

○利害関係者となる可能性のある者からの贈与について
○コンプライアンス・倫理から見た当否

☑ **関連するルール**

倫理規程第4条（利害関係者に関する例外）
倫理規程第3条第1項（禁止行為）

☑ **ルールの解釈**

プレゼントを受けることは、形式的に贈与（倫理規程第3条第1項第1号）に該当しますが、現在利害関係者に当たらない者との行為については倫理規程上は認められます。

なお、利害関係者のうち、私的な関係（職員としての身分にかかわらない関係がある者）についての例外が定められています（倫理規程第4条第1項）。具体的には、職務上の利害関係の状況、私的な関係の経緯及び現在の状況並びにその行おうとする行為の態様等にかんがみ、公正な職務の執行に対する国民の疑惑や不信を招くおそれがないと認められる場合に限り、形式的に禁止行為に当たる行為も認められます。

☞人事院解説、【もう少しくわしく④】(P.92)

■あてはめ・検討 ……………………………………

倫理規程の解釈に照らせば、特に問題のない行為とされます。

しかし、これは大丈夫だろうかという慎重な発想が大切です。実際に将来、昔からの友人との行為だから問題ないという気の緩みが違反行為につながることがあります。意識を持ち続けることが肝要です。

Q63

引越の日に先日契約をした会社の社員が来て、たまたま近くにいるので個人として手伝いをさせてほしいという場合にその申し出を受けることは問題になりますか？

■ 問題はどこに……………………………………………

○利害関係者による個人的用務の手伝いについて

○コンプライアンス・倫理から見た当否

☑　関連するルール

倫理規程第2条第1項（利害関係者）

倫理規程第3条第1項（禁止行為）

☑　ルールの解釈

　契約の相手方については、倫理規程第2条第1項第7号が利害関係者として掲げています。契約をめぐって公正さに疑念が生じることは当然と考えられます。

　引越の手伝いは、無償での役務の提供として、倫理規程第3条第1項第4号に該当します。職務遂行に当たって相手方の協力行為、契約の履行に付随するものは認められます（禁止行為からの除外、倫理規程第3条第2項）が、私的な手伝いはこれらに当たりません。

☞人事院解説、【もう少しくわしく④】（P.92）

■ あてはめ・検討 ……………………………………………

　契約は終了していても、契約に基づく履行その他付随する業務はあり、利害関係者との間の禁止行為と考えられます。

　引越の日は休暇を取得していた（職務専念義務の免除）であったとしても、コンプライアンス・倫理に関しては、**勤務時間の内外を問わず**、守らなければならないものであり、私的な用務について無償での役務の提供を受けることは認められません。

Q64

たまたま出会った際の会食

休暇の日にたまたま出会った関係業者と昼食を共にすることは問題になりますか？

■問題はどこに……………………………………

○休暇中の関係業者との飲食について

○コンプライアンス・倫理から見た当否

☑　関連するルール

倫理規程第3条第1項（禁止行為）

☑　ルールの解釈

　休暇の日の行為は職務専念義務の免除された日の行為ですが、コンプライアンス・倫理については、職務の内外、勤務時間の内外を問わず保持されることが求められます。費用を先方が負担した場合には、禁止行為（倫理規程第3条第1項第6号の供応接待）に該当します。

☞人事院解説、【参考④】（P.19）、【もう少しくわしく④】（P.92）

■あてはめ・検討 …………………………………

　倫理規程の平成17年改正によって、公務員倫理の趣旨に照らして、利害関係者との飲食は、いわゆる割り勘であれば食事を共にすることが許されることとされています。ただし、先方負担分が多い場合にはこれに当たらないと解されます。**疑義の生じないように**、利害関係者と飲食を共にする場合の留意点として次のものが挙げられます。

　・必ず相手方に割り勘とすることを説明する

　・事前にあるいは勘定の際に実際の金額を確認

　・可能な限り店の予約や会計を先方任せにしない

　公務の公正さに疑念を生じないような慎重な対応が求められます。

Q65

休暇で家族旅行での宿泊先が関係業者の家族と同じであった場合に家族ぐるみで親しくなり、先方から提供された観光地の名産品の土産を受け取ることは問題になりますか？

■ 問題はどこに

○利害関係者との旅行、受贈について
○コンプライアンス・倫理から見た当否

☑ 関連するルール

職務専念義務（地公法第35条）、信用失墜行為の禁止（地公法第33条）
倫理規程第3条第1項（禁止行為）

☑ ルールの解釈

休暇を承認されている職員は、職務専念義務が免除されています。しかし、休暇中の行為についても、**信用失墜行為は、職務の内外、勤務時間の内外を問わずに禁止されます。**

利害関係者と共にする旅行は禁止行為に該当します（倫理規程第3条第1項第8号）。過去の事例でも旅行の場を通じて行われた不正等も少なくありませんでした。たまたま宿泊先で一緒になった場合は「共に」行ったものに当たらないと解されます。

しかし、土産の提供を受けることは、社会通念上、一般的な儀礼的な行為とはいえず、禁止行為としての贈与に当たります（倫理規程第3条第1項第1号）。

☞人事院論点、【もう少しくわしく①】（P.10）、【もう少しくわしく④】（P.92）

■ あてはめ・検討

宿泊先が同じことは直ちに問題とはなりませんが、土産の供与については、断らなければならないものです。

4　災害対応時等の事例

Q66

住民への避難指示を行う際に災害の状況の理解が十分でなかったために誤った指示を行ってしまった場合には問題になりますか？

■問題はどこに……………………………………………………

○住民への誤った指示について

○服務規律から見た当否

☑　関連するルール

　職務専念義務（地公法第35条）、懲戒事由（地公法第29条第1項第2号）（職務上の義務に違反し、又は職務を怠った場合）

☑　ルールの解釈

　「職務を怠った場合」とは、職務遂行上の義務違反までには至らないまでも、職務の遂行が不十分であったり、職責を十分に果たしていない場合をいうと解されています。

☞【参考⑭】（P.71）

■あてはめ・検討…………………………………………………

　職務上のミスは、形式的に職務怠慢に当たります。内部秩序の維持の観点から、懲戒処分の可能性もあります。一般的には、まず、指示、注意等を通じて再発のないような対応が行われ、誤指示というミスが生じないようにする体制の整備が必要です。また、上司の指摘による**是正の前の段階でのチェック**等が必要です。

　準備として万全を期するものの、緊急時には事前の想定では十分でないこともあり、迅速・的確な状況の把握に基づく柔軟な対応が求められるところです。

Q67

住民への避難指示を行う際に無線放送の操作を誤ってしまい一部の地域に伝わらなかった場合には問題になりますか？

■問題はどこに……………………………………

○無線放送の誤操作について

○服務規律から見た当否

☑ 関連するルール

職務専念義務（地公法第35条）、懲戒事由（地公法第29条第1項第2号）（職務上の義務に違反し、又は職務を怠った場合）

☑ ルールの解釈

「職務を怠った場合」とは、職務遂行上の義務違反までには至らないまでも、職務の遂行が不十分であったり、職責を十分に果たしていない場合をいうと解されています。

☞【もう少しくわしく①】(P.10)、【参考⑭】(P.71)

■あてはめ・検討………………………………

誤操作によって一部地域の住民への連絡ができなかったことは、職務懈怠として懲戒事由に該当します。そのことから直ちに懲戒処分に至るわけではなく、なぜそのような事態になったかについて、行為の動機、態様等を総合的に判断した上で、処分の要否、量定が決定されます。

コンプライアンス・倫理上検討しなければならないのは、**どうすれば未然に防げたのか、今後のための対策はどうしたらよいか**ということです。組織として予防のための措置を講じる必要があります。部内でのチェック、業務処理に関する適切なマニュアル等の整備などが講じられ、そして担当職員の理解と意識を高める研修等も必要となるものと考えられます。

Q68

緊急時で慌てていたために出動先を勘違いしてしまい、10分程度遅れてしまった場合には問題になりますか？

■問題はどこに……………………………………………

○勘違いに基づく遅刻について

○服務規律から見た当否

☑　関連するルール

　職務専念義務（地公法第35条）、懲戒事由（地公法第29条第1項第2号）（職務上の義務に違反し、又は職務を怠った場合）

☑　ルールの解釈

　「職務を怠った場合」とは、職務遂行上の義務違反までには至らないまでも、職務の遂行が不十分であったり、職責を十分に果たしていない場合をいうと解されています。

☞【もう少しくわしく①】（P.10）、【参考⑭】（P.71）

■あてはめ・検討……………………………………………

　住民の財産にかかわる重要な職務遂行に当たってのミスは避けなければなりません。職務上のミスは、形式的に職務怠慢に当たります。そのことから直ちに懲戒処分に至るわけではありません。一般的にはまず、指示、注意等を通じて再発のないような対応が行われます。

　コンプライアンス・倫理上検討しなければならないのは、**どうすれば未然に防げたのか、今後のための対策はどうしたらよいか**ということです。組織として予防のための措置を講じる必要があります。部内でのチェック、業務処理に関する適切なマニュアル等の整備などが講じられ、そして担当職員の理解と意識を高める研修等も必要となるものと考えられます。

Q69

自己の判断による退庁

災害対応が勤務時間を超えた場合に他の職員もいることから業務に支障はないと考え退庁することは問題になりますか？

■問題はどこに………………………………………………

○職員自身の判断に基づく退庁について
○服務規律から見た当否

☑ 関連するルール

　法令命令服従義務（地公法第32条）、職務専念義務（地公法第35条）、懲戒事由（地公法第29条第1項第2号）（職務上の義務に違反し、又は職務を怠った場合）

☑ ルールの解釈

　臨時・緊急の必要によって割り振られた正規の勤務時間を超えて勤務を命じられるのが超過勤務です。しかし、災害対応時などで勤務時間終了後、超過勤務命令が発せられていたかどうか必ずしも明確でない場合は実態として見られるところです。

☞【もう少しくわしく①】（P.10）、【もう少しくわしく⑥】（P.137）

■あてはめ・検討………………………………………

　他の職員もいるからといって**職員自身の判断で退庁することは適切ではありません**。もちろん、そのことによって直ちに懲戒処分に付されなければならないわけではありません。その職員の行動（非違行為）が内部秩序の維持の観点から、行為の動機、態様等を総合的に判断して行われます。

　少なくとも上司に状況を報告の上、退庁について支障がないかを確認することが必要です。**適時適切に行うべき住民対応が不十分になることは避けなければなりません**。

Q70

自宅・家族の安全

出勤前の災害により、自宅が危険な状況となった際、家族の安全と自宅の保全を優先することは問題になりますか？

■問題はどこに・・

○家族の安全・自宅保全等の行為について
○服務規律から見た当否

☑　**関連するルール**

職務専念義務（地公法第35条）

☑　**ルールの解釈**

「職員は、法律又は条例に特別の定がある場合を除く外、その勤務時間及び職務上の注意力のすべてをその職責遂行のために用い、当該地方公共団体がなすべき責を有する職務にのみ従事しなければならない」こととされています（地公法第35条）。

☞【もう少しくわしく①】（P.10）

■あてはめ・検討・・

職員には服務規律を遵守することが求められる一方、自身（及び家族）の生命・身体・財産の保護はその基本的人権に関わるものです。

災害時などで、職員自身（及び家族）が被災する例は少なくありません。

緊急度・急迫性にもよりますが、服務規律の遵守とのバランスの取れた行動が期待されるところです。

なお、服務に関して「公務優先の原則」に言及されることがありますが、これは職務専念義務の免除、特に休暇の取得との関係で、一般労働者が休暇を取得できる状況と比べて、公務遂行の必要性が勘案されることを示すものです。

Q71

業者の車での同乗

自宅の乗用車が使用できなくなった中で住民の避難所に向かう際に関係業者から声をかけられたので同乗することは問題になりますか？

■問題はどこに……………………………………

○災害対応時での利害関係者の車の利用について

○コンプライアンス・倫理から見た当否

☑ 関連するルール

倫理規程第3条第1項（禁止行為）

☑ ルールの解釈

自動車に同乗することは、形式的には役務の提供に当たります（倫理規程第3条第1項第4号）。

ただし、例外として、職務を円滑に遂行する上で必要であり、問題がないと認められる程度の場合には、利害関係者から提供される自動車を利用することが認められます。自動車は、当該利害関係者が業務・通勤等に日常的に利用しているものに限られ、当該職員のために特に用立てたハイヤーなどは認められないとされています（倫理規程第3条第2項）。

☞人事院解説、人事院論点、【もう少しくわしく④】(P.92)

■あてはめ・検討 ……………………………………

自宅の乗用車が使えない状況下で避難所に向かう際に関係業者の車に同乗することは、緊急時でやむを得ないものとして許容されるものとすることも必ずしも不当とはいえません。

しかし、**住民から見てどのように感じられるかを考慮して**、疑念が生じることを避ける観点からの具体的判断が求められるところです。

Q 72 部下への叱責

被災地での作業の際に、住民の生命安全を守るために作業が緩慢な部下に厳しい口調で命令することは問題になりますか？

■問題はどこに……………………………………………………

○厳しい口調での命令について

○ハラスメント防止から見た当否

☑ 関連するルール

パワーハラスメント防止に関する法令・指針

☑ ルールの解釈

指針が掲げる例としては、業務の遂行に関する必要以上に長時間にわたる厳しい叱責を繰り返し行うこと、他の労働者の面前における大声での威圧的な叱責を繰り返し行うことが示されています。なお、人事院の指針では、執拗な非難として長時間厳しく叱責し続けることが例示されています。

☞【もう少しくわしく②】(P.54)、【もう少しくわしく③】(P.56)

■あてはめ・検討 ……………………………………………………

形式的には、厳しい口調による指示が直ちにパワーハラスメントとなるわけではありません。職場における関係等にもよりますが、業務上の指示・指導との関係は、判断が難しいケースもあります。住民の生命、安全の確保との関係で時として厳しい口調による指示が求められることもあります。

しかし、**少なくとも個人的な感情が先行して、行為の相手方の心情への理解を欠く場合には、適切なものではありません。**

Q 73
調査の優先

被害状況を調査する際に、対象住民の中に親戚がいたのでそこから開始したが全体の予定時間どおりに終わった場合には問題になりますか？

■問題はどこに

○親戚に優先的に便宜を与えることについて
○服務規律から見た当否

☑ 関連するルール

職務専念義務（地公法第35条）

☑ ルールの解釈

「職員は、法律又は条例に特別の定がある場合を除く外、その勤務時間及び職務上の注意力のすべてをその職責遂行のために用い、当該地方公共団体がなすべき責を有する職務にのみ従事しなければならない」こととされています（地公法第35条）。

☞Q11、【もう少しくわしく①】（P.10）

■あてはめ・検討

コンプライアンス・倫理の観点から、全体の予定時間どおりに終了したことでは親戚を優先したことの説明としては十分とはいえません。

住民から見てどのように捉えられるかを配慮することが望ましいと考えられます。

住民から見て疑念を生じない行動がコンプライアンス・倫理の保持のために求められること、職員の全体の奉仕者としての性格、また、**平等取扱いの原則**（地公法第13条）に照らすと、差し控えるのが適切であるという判断も合理的なものと考えられます。

Q 74

自宅立ち寄り

被害状況を確認するための視察途中に自宅の状況が気になったので、自宅に立ち寄ることは問題になりますか?

■問題はどこに

○職務中の自宅立ち寄りについて

○服務規律から見た当否

☑ 関連するルール

職務専念義務（地公法第35条）

☑ ルールの解釈

「職員は、法律又は条例に特別の定がある場合を除く外、その勤務時間及び職務上の注意力のすべてをその職責遂行のために用い、当該地方公共団体がなすべき責を有する職務にのみ従事しなければならない」こととされています（地公法第35条）。

☞【もう少しくわしく①】（P.10）

■あてはめ・検討

職員には服務規律を遵守することが求められる一方、自身（及び家族）の生命・身体・財産の保護はその基本的人権に関わるものです。

災害時などで、職員自身（及び家族）が被災する例は少なくありません。

緊急度・急迫性にもよりますが、服務規律の遵守とのバランスの取れた行動が期待されるところです。

なお、服務に関して「公務優先の原則」に言及されることがありますが、これは職務専念義務の免除、特に休暇の取得との関係で、一般労働者が休暇を取得できる状況と比べて、公務遂行の必要性が勘案されることを示すものです。

Q75

業者からの差し入れ

避難所で食事の供給業者から差し入れを受けることは問題になりますか？

■問題はどこに………………………………………………

○避難所での食事供給業者からの差し入れについて

○コンプライアンス・倫理から見た当否

☑ 関連するルール

倫理規程第2条第1項（利害関係者）

倫理規程第3条第1項（禁止行為）

☑ ルールの解釈

避難所での食事の供給業者とは契約関係もあり、利害関係者（倫理規程第2条第1項第7号）に該当します。

差し入れを受けることは、直接職員自身がそれを費消するわけではありませんが、形式的に贈与を受けることと考えられます（倫理規程第3条第1項第1号）。

☞人事院解説、【もう少しくわしく④】（P.92）

■あてはめ・検討 …………………………………………

差し入れられた物が避難所利用者に均等に分けられる場合などは、そのことによって、公務の公正さへの疑念を生じるものとはいえず、許容されるものと考えられます。

なお、大規模災害の発生に際して、国の行政機関から所管団体に要請し、自治体に対して救援物資を提供してもらうことについて、その要請が、行政目的を達成するためのもの（実質的に強制にわたるようなものは除く。）であれば、禁止行為に該当しないと解されています。

Q76　知人への差し入れ

避難所で親しくしている知り合いを見つけたため、個人の費用で菓子や雑誌などを購入して差し入れすることは問題になりますか？

■問題はどこに……………………………………………………

○知り合いへの便宜を与えることについて

○服務規律から見た当否

☑　関連するルール

全体の奉仕者（地公法第30条）

☑　ルールの解釈

　服務の根本基準である全体の奉仕者であること（地公法第30条）は、直ちに具体的な義務を定めるものではないと解されますが、他方、「全体の奉仕者たるにふさわしくない非行」は、懲戒事由の一つ（地公法第29条第1項第3号）とされているところです。

☞Q11、【もう少しくわしく①】（P.10）

■あてはめ・検討 ……………………………………………

　知り合いに個人の費用で差し入れをすること自体が具体的な服務規定に抵触するとはいえません。

　しかし、住民から見てどのように捉えられるかを配慮することが望ましいと考えられます。個人の費用によることは外見上必ずしも明らかではありません。

　住民から見て疑念を生じない行動がコンプライアンス・倫理の保持のために求められること、職員の全体の奉仕者としての性格、また、**平等取扱いの原則**（地公法第13条）に照らすと、差し控えるのが適切であるという判断も合理的なものと考えられます。

Q77

> 避難所への物資運搬のため運転免許停止中ではあったが近距離の運転をすることは問題になりますか？

■問題はどこに

○災害対応中の無免許運転について

○服務規律から見た当否

☑ 関連するルール

信用失墜行為の禁止（地公法第33条）

無免許運転（道路交通法第64条）

☑ ルールの解釈

近距離の物資運搬のためであっても無免許運転は認められません（道路交通法第64条）。

懲戒処分の標準例では、飲酒運転・交通事故・交通法規違反の中での例示には含まれていません（飲酒運転以外の交通法規違反として例示されているのは、著しい速度超過等悪質な交通法規違反です。）。

☞Q59

■あてはめ・検討

懲戒処分の標準例は例示に過ぎず、**例示されていないことで処分の対象とならないわけではありません。**

信用失墜行為（地公法第33条）として問責されることはあります。物資輸送という理由で免責されるわけではありません。

なお、倫理研修などで無免許運転の当否をたずねると「すべきではない」という答えが即座に返るのが一般的ですが、実社会では必ずしも**理解しているとおりの行動**にはつながらないことがあります。

Q78

> 災害復旧作業に関して担当業者が便宜に感謝して いると夕食の接待を受けることは問題になり ますか？

■問題はどこに……………………………………………

○災害復旧の担当業者との飲食について
○コンプライアンス・倫理から見た当否

☑　関連するルール

倫理規程第2条第1項（利害関係者）
倫理規程第3条第1項（禁止行為）

☑　ルールの解釈

災害復旧の担当業者は契約等を行うなど、利害関係者に当たります（倫理規程第2条第1項第7号）。

また、利害関係者から夕食の接待を受けることは禁止行為としての供応接待（倫理規程第3条第6号）に当たります。

自己の費用を負担等の場合に「除外」されるとされますが、単に感謝の意をして夕食の接待を受けることは禁止行為から除外される理由になりません。もちろん、便宜の内容で不正な行為があればそれ自体問責されることになります。

☞人事院解説、【参考④】（P.19）

■あてはめ・検討 ……………………………………………

そもそも倫理規程が利害関係者との禁止行為を定めた趣旨を想起する必要があります。公務の公正さに疑念を生じないためのルールです。

主観的に不正を行わない意志が強いか否かではなく、疑念を生じる行為自体が禁じられているわけです。

Q79

感染症対策業務に従事中、ある地区で感染者が発生したらしいという噂を耳にしたので、LINEでその旨を知り合いに伝えることは問題になりますか？

■問題はどこに

○LINEでの噂の伝達について

○服務規律から見た当否

☑　関連するルール

信用失墜行為の禁止（地公法第33条）

守秘義務（地公法第34条）

☑　ルールの解釈

　噂を知人に伝えることは直ちには守秘義務に反するわけではありません。職務上知り得た秘密で実質的に保護すべきものを漏らすという要件を満たすものとはいえません。

　他方、LINEを用いた知人への情報提供としても、**自治体職員からの情報としての配慮を欠いて大きな混乱につながる**ような場合は、公務全体の信用を傷つけるものに当たる可能性があります（地公法第33条）。

☞【参考⑮】（P.73）

■あてはめ・検討

　LINEは手軽に情報が発信できる一方で、一度投稿した内容が多数の第三者が閲覧できる状態になっていく危険性があります。企業の従業員に関する記述ですが、安倍嘉一『従業員の不祥事対応実務マニュアル』によれば、**組織の構成員による個人的な情報提供であっても**、それが業務に関する内容である場合は**企業が法的責任を負う場合もある**と考えられ、また会社の信用失墜、売上げ減少、閉鎖という極めて大きな被害をもたらす結果にもなるとされています。

Q80

感染症対策のために移動自粛が求められていたが、泊まりがけで他県の親戚を訪問しその旨を報告しないことは問題になりますか？

■問題はどこに……………………………………………

○自粛要請違反・報告懈怠について

○服務規律から見た当否

☑ 関連するルール

職務命令遵守（地公法第32条）

信用失墜行為の禁止（地公法第33条）

☑ ルールの解釈

移動自粛を求める職務命令はそのときの状況等に基づき合理的な判断を背景とした適法なものと考えられます。職務上の命令に対しては、客観的・明白に違法であるものでない以上、これに従わなければなりません（地公法第32条）。

さらに違反行為についての報告懈怠は、公務の信頼を傷つけるものとして、信用失墜行為に該当するものでもあります。懲戒処分の要否等が検討されることになります。

☞【もう少しくわしく①】（P.10）

■あてはめ・検討 ……………………………………

コンプライアンス・倫理上、**特に問題となるのは、報告を怠ったこと**です。ときとして虚偽報告や重要な事実の隠ぺいにつながることがあります。

そうならないための予防措置として、職務上の命令についての趣旨の理解と職員の自覚の喚起が求められるところです。

第3章

不祥事が起こってしまったら？

　不祥事は起こらないことが最も望ましいのですが、残念ながら、目を覆いたくなる不祥事の数々（公金横領、飲酒運転、暴行傷害、わいせつ行為、不正給与、不正休暇、盗撮、覚醒剤使用などなど）は、毎日のようにどこかで実際に起こってしまっています。

　本章では、

　　1　不祥事が起こった場合の対応

　　2　不祥事防止のために今できること

について、ルール作り、防止策の整備等、住民の信頼を裏切らないための組織としての対応などについて整理しています。

1　不祥事が起こった場合の対応

$Q81$ 違反行為を行ってしまったときはどうすべきですか？

ここがポイント！

日頃から、不祥事の起こらないように万全の体制を整える。
しかし、現実に、起こってしまう可能性はある。
その場合、そこからが肝心。

■解説 ……………………………………………………

　日頃から、不祥事の起こらないように万全の体制を整えます。しかし、現実に、起こってしまう可能性はあります。残念ながら起こったとき、肝心なのは、それからどのように対応するかです。

　一般的な仕事の上でのミスについてですが、新入職員研修などで、仕事をしていく上で、失敗はつきものである、しかし、その後どうするかによって、真価が問われる。という話がよく行われます。

　もちろん、ミスがつきものでも、違反行為は厳禁です。しかし、もし、起こってしまった場合こそ、それからどうするかによって、組織、そして行政全体の信頼が傷つくことを防ぐことにつながります。

　人は起こしたことを非難する以上に、起こしたことにどう対応したか、に対して非難がなされると言われます。**組織として情報を共有し、迅速な対応が必要**です。**隠蔽すること**はもってのほかです。

　いわゆるホウレンソウ（報告・連絡・相談）がこの場面でも大切です。なお、次の言葉は研修の場でよく加えられるものです。「ホウレンソウは速さが肝心、なぜならホウレンソウは生ものだから。」

☞Q84

【参考⑯】

人はなぜ過ちを犯すのか？

　人が過ちを犯す、ミスをするということについて、さまざまな指摘があります。代表的と思われるものを紹介します。

●ルール違反をする原因（芳賀繁『ヒューマンエラーの理論と政策』）

① ルールを知らない
② ルールを理解していない
③ ルールに納得していない
④ みんなも守っていない
⑤ 守らなくても注意を受けたり罰せられたりしない

●不正のトライアングル

　不正行為が生じてしまう原因として、しばしば言及されるのが「不正のトライアングル」（fraud triangle）です。アメリカの犯罪学者・社会学者のD.R.クレッシー（Donald Ray Cressey）が犯罪の調査を通じて、次の3つの要素があるとしました。

① 機　会──不正行為の実行を容易に可能にする機会や環境の存在
② 動　機──不正行為を働くことに至った事情
③ 正当化──働いた不正行為に対し、自らを納得させる身勝手な理由付け

　それぞれの要素について対応していくことにより、未然の防止に役立つものと言えます。

●不祥事を招く3つの原因（田中正博『自治体不祥事における危機管理広報』）

① 多分大丈夫だろう　（甘い気持ちが不祥事を招く）
② 前からやっていることだから　（「前例」と「慣行」が不祥事を招く）
③ 見ざる聞かざる言わざる　（この三猿主義が不祥事を招く）

●「正直センサー」が働かなくなる状況（ダン・アリエリー『予想どおりに不合理』）

　自分は正直者だと思っている人が犯罪を犯してしまうことについて、次のような考察があります（辻さちえ「行動経済学から考えるコンプライアンス」（『人事院月報』2022年4月号））。

① ごまかせる環境があれば、人はごまかす
② ちょっとしたズルには鈍感

Q82

違反を発見してしまったときはどうすべきですか？

ここがポイント！

ただちに上司又は（及び）人事部局に報告をすることが必要。
報告内容については、迅速性と確実性の双方を満たすことが必要。

■解説 ···

実際に不祥事が起こった場合、**初期対応が重要**です。発見した場合には、直ちにそれを上司又は（及び）人事担当部署に報告することが必要と考えられます。その際、一般に「5W1H」いつ、どこで、だれが、何を、なぜ、どのように）が重視されますが、逆にその**情報を整えるために遅れてしまうことにも留意**が必要です。

田中正博『自治体不祥事における危機管理広報』では、第一報の重要性について、第一の心得として、「「一何（いっか）の原則」と「30分ルール」で「第一報」させよ！」としています。「一何」は、かつて佐々淳行『危機管理のノウハウ』で指摘されたもので、もう少し様子を見てから報告しようという誤った判断が致命的な失敗につながります。

なお、刑事訴訟法では**公務員の告発義務**が定められています。第239条第2項は「官吏又は公吏は、その職務を行うことにより犯罪があると思料するときは、告発をしなければならない。」と規定しています。なお、告発義務を負うのは、職務を執行するに際して、職務内容に関係のある犯罪を発見した場合に限られると解されています。

☞Q84

Q83 内部通報の通報者はどのように保護されるのですか？

ここがポイント！

公益通報をしたことを理由として不利益な取扱いをうけることはない。

■解説

　公益通報者保護法（平成16年法律第122号）は、保護要件を満たして公益通報がなされた場合、公益通報をしたことを理由とする解雇を無効としています。

　また、公益通報をしたことを理由として事業者（使用者）が公益通報者に対して不利益な取扱いをすることも禁止されています（「不利益な取扱い」の例…降格、減給、訓告、自宅待機命令、給与上の差別、退職の強要、専ら雑務に従事させること、退職金の減額・没収）。

　公務員についても、公益通報を理由とする不利益な取扱いが禁止されています。

（一般職の国家公務員等に対する取扱い）

第7条　第3条各号に定める公益通報をしたことを理由とする一般職の国家公務員、……及び**一般職の地方公務員**（以下この条において「一般職の国家公務員等」という。）に対する免職その他不利益な取扱いの禁止については、……、国家公務員法……及び**地方公務員法**の定めるところによる。この場合において、一般職の国家公務員等の任命権者……は、第3条各号に定める公益通報をしたことを理由として一般職の国家公務員等に対して**免職その他不利益な取扱いがされることのないよう、これらの法律の規定を適用しなければならない。**

　なお、自治体のコンプライアンス規程等では、内部通報に関する規程を設けるのが一般的で、取扱い、保護などを定めています。

【参考⑰】

公益通報者保護法の概要

（消費者庁HPを基に編集）

1．目的

　公益通報者の保護を図るとともに、国民の生命、身体、財産その他の利益の保護にかかわる法令の規定の遵守を図り、もって国民生活の安定・社会経済の健全な発展に資すること

2．「公益通報」とは

　① 労働者（公務員を含む。）が、② 不正の目的でなく、③ 労務提供先等について、④「通報対象事実」が、⑤ 生じ又はまさに生じようとする旨を、⑥「通報先」に通報すること

3．「通報対象事実」（④）とは

　国民の生命、身体、財産その他の利益の保護にかかわる法律として対象とされたものに規定する罪の犯罪行為の事実等

【対象法律の例】（刑法、食品衛生法、金融商品取引法等合計462法律（平成29年9月現在））

4．「通報先」（⑥）と保護要件

(1)　事業者内部（法律事務所等事業者があらかじめ定めた者も含む）
　：通報対象事実が生じ、又はまさに生じようとしていると思料する場合

(2)　行政機関（通報対象事実について処分・勧告等の権限を有する行政機関）
　：通報対象事実が生じ、又はまさに生じようとしていると信ずるに足りる相当の理由がある場合

(3)　事業者外部（通報対象事実の発生等を防止するために必要であると認められる者（例：報道機関、消費者団体等）
　：通報対象事実が生じ、又はまさに生じようとしていると信ずるに足りる相当の理由がある場合及び内部通報・行政機関への通報をすれば解雇その他不利益な取扱いを受けると信ずるに足りる相当の理由がある場合、証拠隠滅等のおそれがあると信ずるに足りる相当の理由がある場合等

5．公益通報者の保護

　公益通報をしたことを理由とする解雇（労働者派遣契約の解除）の無効・不利益な取扱いの禁止

6．事業者、行政機関及び公益通報者の義務

(1)　事業者がとった是正措置等を公益通報者に通知する努力義務

(2)　行政機関が必要な調査及び適当な措置をとる義務

(3)　通報先を誤った通報を受けた行政機関が処分等の権限を有する行政機関を教示する義務

(4)　公益通報をする労働者が他人の正当な利益・公共の利益を害さないようにする努力義務

Q84 不祥事への対応はどのようにすべきですか？

ここがポイント！

迅速・適切な対応が必要。特に初期対応が重要。

■解説

不祥事への対応について、

(1)　有事の体制の構築

(2)　事実関係の調査、

(3)　被害者への対応、

(4)　事案の公表

のプロセスが考えられます（岡田博史『自治体コンプライアンスの基礎』）。

また、不祥事対応における失敗の類型として、

①　謝罪の対象が不明瞭

②　責任転嫁・当事者意識の欠如

があるという指摘もあります（鈴木悠介「行政組織の陥りやすい危機管理（広報）の失敗パターン─内向きの論理に縛られず、不祥事を乗り切るために─」『人事院月報』2019年10月号）。また、同書で、「組織にとっての内向きの「最適化」を著しく進行させた結果、外部（＝世間・社会）から孤立し、最終的には外部環境へと対応できないまま淘汰されてしまうという意味で、これは「ガラパゴス型」不祥事とも呼ぶべきもの」であり、「忖度」と「同調圧力」が招く「ガラパゴス型不祥事」を防ぐためには、不祥事が起きてしまった後の組織内広報が重要で、「健全な常識」と「健全な誇り」が必要であるとしています。

Q85

不祥事が起こったことは直ちに公表すべきですか？

ここがポイント！

迅速な公表が求められる。
ただし、事実の正確な確認に基づき、その後の適切な取組の方向を背景にする。
なお、「言い訳」「責任転嫁」を避けなければならない。

■ 解説

　さまざまな不祥事対応から浮かび上がってくることとして、人・組織が起こしたこと自体への非難は当然として、**起こしたことにどう対応したか**、によってさらに非難が高まることがあります。その際、「3つのキーワード」という指摘が参考になります（田中正博『自治体不祥事における危機管理広報』）。

　　① 「スピード」（迅速な意思決定と行動）

　　② 「疑惑を生まないための情報開示」（説明責任を果たす）

　　③ 「社会的視点からの判断」（組織論理に基づいた判断をしない）

　なお、「記者会見」（場合によって「謝罪会見」）について、白井邦芳「不祥事への対応～危機管理広報の視点から～」（『人事院月報』2019年5月号）は、「謝罪会見は、きれいにすっきりと進めることが成功とは限らず、答えに窮しながらも、**包み隠さずに、しっかり伝えることの方が見聞きしている人たちに誠意が伝わる**もの」で、「不祥事、事件、事故を認識してから72時間以内に記者会見を開くことが鉄則」としています。

　また、危機管理広報全体において必要な視点は「世の中の人たちからの信頼回復」で、**「遺憾の意」**を示しても、**「残念」**と述べているだけでは、**謝罪に値しない**ことに留意しなければなりません（浅見隆行「コンプライアンスを意識した危機管理広報の在り方」『人事院月報』2019年8月号）。

Q86

不祥事の再発防止のためにしなければならない
ことはなんですか？

ここがポイント！

「失敗からの教訓」を活かさなければならない。
実効性のある再発防止策として、意識への注目も有意義。

■ **解説** ‥‥‥‥‥‥‥‥‥‥‥‥‥‥‥‥‥‥‥‥‥‥‥‥‥‥‥‥‥

　再発防止に向けていくつかの知見の蓄積が参考となります。

　ひとつは、「失敗学」（畑村洋太郎『失敗学のすすめ』）で、まず失敗に学び、その際、失敗を隠さず、関係する情報をできるだけ多くの意図が共有することで失敗の再発を防ぎ、成功への道を開く考え方です。ここでは、失敗から教訓を得るための**「失敗の知識化」**、つまり、**「起こってしまった失敗を自分および他人が将来使える知識にまとめること」**が必要です。なお、失敗の当事者から話を聞くときに、一番大切なのは、聞き手がいっさい批判をしないこととされています。

　他方、組織としての知識の共有・蓄積の重要さとは別の観点で、意識について整理した指摘もあります（田中正博『自治体不祥事における危機管理広報』）。次の3つの「意識」を大切にすることによって不祥事防止につながる（「不祥事防止は難しくない」）とするものです。

　・「ちょっと変だな」「本当に大丈夫かな？」という意識

　・「誰かが見ている」「誰かに見られている」という意識

　・「自分を守るための危機管理だ」という意識

　また、ヒューマンエラー防止の観点から、安全工学や社会心理学の知見を生かして、ハインリッヒの法則（いわゆる「ヒヤリハット」への注意・警戒）、スイスチーズモデル（さまざまな要因を併せて全体としてのミスを防止する）などを活用することも行われています。

☞【参考⑭】（P.71）

Q87 違反者に対してはどのような処分がなされることになりますか？

ここがポイント！

広義の処分として、訓告、厳重注意、注意等がある。懲戒処分、逮捕等を通じた刑事罰など違反行為に応じた制裁等を受ける。

■ 解説 ‥‥‥‥‥‥‥‥‥‥‥‥‥‥‥‥‥‥‥‥‥‥‥‥‥‥‥‥‥‥‥

　コンプライアンス・倫理違反に対する「処分」としては、組織内でのもの、刑事罰のように裁判によって判断されるもの、また、いわゆる社会的制裁もあります。

☞刑事罰については、Q17、【参考⑩】（P.42）、【参考⑪】（P.44）

　広義の処分として、訓告、厳重注意、注意等がなされることがありますが、これらは行政上の指導、監督上の実際的措置です。

　懲戒処分は、組織の内部の秩序を維持するために、非違行為に対して行われる不利益処分（公務員としての地位、給与などについて不利益が生じるもの）です（地公法第27条、第29条）。免職、停職、減給及び戒告です。

☞【もう少しくわしく⑤】（P.135）

　懲戒処分を受けると、付随的にさまざまな不利益（退職手当を受けられなくなる、任用上の不利益など）も生じます。

　なお、刑事起訴があったときは、職務から外す「刑事起訴休職」の仕組みもあります。

　処分に関して、実務上、留意しなければならないことは、しばしば不祥事に関する報道が先行した場合など、**「けしからん」といった議論が、事実確認・検討が不十分な中で大きな意見になってしまう**ことです。不祥事があってはならないことであるのは当然として、違反者に対する処分に当たっては、迅速な判断は求められるものの、**しっかりとした事実確認、処分の要否、処分などの選択を客観的に冷静に行うことが必要**です。

もう少しくわしく⑤

懲戒制度

(1)　懲戒処分の意義

　懲戒処分は、公務員の服務上の義務違反に対して、公務員関係における秩序を維持する目的をもって職員に科する行政上の制裁です。

(2)　懲戒の事由

　懲戒権者は、地公法第29条第1項各号のいずれかに該当する事由があった場合に、免職、停職、減給又は戒告のいずれか一つの処分をすることができるとされています。

①　この法律若しくは第57条に規定する特例を定めた法律又はこれに基づく条例、地方公共団体の規則もしくは地方公共団体の機関の定める規程に違反した場合（第1号）

　なお、職員の法令違反が、職務遂行とはかかわりのないものであったとしても、当該法令違反が官職の信用を傷つけ、又は官職全体の不名誉となるような行為と判断される場合は、国公法第99条（信用失墜行為の禁止）に違反することとなり、本号にも該当することになります。

②　職務上の義務に違反し、又は職務を怠った場合（第2号）

職務を怠った場合とは、職務遂行上の義務違反までには至らないまでも、職務の遂行が不十分であったり、職責を十分に果たしていない場合をいいます。

③　全体の奉仕者たるにふさわしくない非行のあった行為（第3号）

本号に該当する場合は、地公法第33条違反（信用失墜行為）に該当する結果、地公法第82条第1項第1号（法律違反）に該当することとなる場合もあります。

(3)　懲戒処分の種類及び効果

懲戒処分には、免職、停職、減給、戒告の4種類があります。

①　免職　公務員関係から排除するもので、懲戒処分の中で最も重い処分です。

②　停職　期間は条例により（1日以上1年又は6月以下等）、給与を受けられません。

③　減給　条例の定めにより（1年又は6月以下の期間）、俸給の月額の5分の1又は10分の1以下を給与から減ずるものです。

④　戒告　その責任を確認し、及び将来を戒めるものです。

Q88 処分に当たってはどのようなことが判断されて、どのような処分が行われるのですか？

ここがポイント！

懲戒処分を検討するに当たっては、非違行為の原因、動機、態様、結果等のほか、前後における態度、他の職員や社会に与える影響等、広範な事情を総合的に考慮してされる。

■解説

懲戒処分をどのように判断すべきかについて、重要な判例（いわゆる神戸税関事件に関する最高裁判所判例（最三小昭和52年12月20日））があります。その判旨では、次のように記しています。

> 公務員につき国家公務員法所定の懲戒事由がある場合に、懲戒権者が懲戒処分を行うかどうか、懲戒処分を行うときにいかなる処分を選ぶかは、その判断が、懲戒事由に該当すると認められる行為の原因、動機、性質、態様、結果、影響等のほか、当該公務員の右行為の前後における態度、懲戒処分等の処分歴、選択する処分が他の公務員及び社会に与える影響等、**広範な事情を総合的に考慮してされるべきもの**である以上、平素から庁内の事情に通暁し、部下職員の指揮監督の衝にあたる懲戒権者の裁量に任されているものと解すべきである。

これを踏まえて、人事院が懲戒処分の指針を発出しています。多くの自治体もこれを参考とした基準作成・運用が行われています。

特に留意しなければならないのは、**具体的事例で裁量を尽くすこと**です。判断材料の各事項についての吟味を尽くさずに「標準例に定められた通り」とするのは、判断すべき内容を考慮しないものとして、裁量権の逸脱乱用になる（つまり、裁判で処分取消しとなる）と考えられます。

吟味の結果、標準例より重くなることも軽くなることもあります。

もう少しくわしく⑥

懲戒処分の判断と量定（人事院の指針）

●懲戒処分の指針について（平成12年3月31日職職－68）（人事院事務総長発）

第1 基本事項

本指針は、代表的な事例を選び、それぞれにおける標準的な懲戒処分の種類を掲げたものである。

具体的な処分量定の決定に当たっては、

① 非違行為の動機、態様及び結果はどのようなものであったか

② 故意又は過失の度合いはどの程度であったか

③ 非違行為を行った職員の職責はどのようなものであったか、その職責は非違行為との関係でどのように評価すべきか

④ 他の職員及び社会に与える影響はどのようなものであるか

⑤ 過去に非違行為を行っているか

等のほか、適宜、日頃の勤務態度や非違行為後の対応等も含め総合的に考慮の上判断するものとする。

個別の事案の内容によっては、標準例に掲げる処分の種類以外とすることもあり得るところである。

例えば、標準例に掲げる処分の種類より重いものとすることが考えられる場合として、

① 非違行為の動機若しくは態様が極めて悪質であるとき又は非違行為の結果が極めて重大であるとき

② 非違行為を行った職員が管理又は監督の地位にあるなどその職責が特に高いとき

③ 非違行為の公務内外に及ぼす影響が特に大きいとき

④ 過去に類似の非違行為を行ったことを理由として懲戒処分を受けたことがあるとき

⑤ 処分の対象となり得る複数の異なる非違行為を行っていたとき

がある。また、例えば、標準例に掲げる処分の種類より軽いものとすることが考えられる場合として、

① 職員が自らの非違行為が発覚する前に自主的に申し出たとき

② 非違行為を行うに至った経緯その他の情状に特に酌量すべきものがあると認められるとき

がある。

なお、標準例に掲げられていない非違行為についても、懲戒処分の対象となり得るものであり、これらについては標準例に掲げる取扱いを参考としつつ判断する。

●標準例一覧

	事　由	免職	停職	減給	戒告
1一般服務関係	(1)　欠勤				
	ア　10日以内			●	●
	イ　11日以上20日以内		●	●	
	ウ　21日以上	●	●		
	(2)　遅刻・早退				●
	(3)　休暇の虚偽申請			●	●
	(4)　勤務態度不良			●	●
	(5)　職場内秩序を乱す行為				
	ア　暴行		●	●	
	イ　暴言			●	●
	(6)　虚偽報告			●	●
	(7)　違法な職員団体活動				
	ア　単純参加			●	●
	イ　あおり・そそのかし	●	●		
	(8)　秘密漏えい				
	ア　故意の秘密漏えい	●	●		
	自己の不正な利益を図る目的	●			
	イ　情報セキュリティ対策のけ怠による秘密漏えい		●	●	●
	(9)　政治的目的を有する文書の配布				●
	(10)　兼業の承認等を得る手続のけ怠			●	●
	(11)　入札談合等に関与する行為	●	●		
	(12)　個人の秘密情報の目的外収集			●	●
	(13)　公文書の不適正な取扱い				
	ア　偽造・変造・虚偽公文書作成、毀棄	●	●		
	イ　決裁文書の改ざん	●	●		
	ウ　公文書の改ざん・紛失・誤廃棄等		●	●	●
	(14)　セクシュアル・ハラスメント				
	ア　強制わいせつ、上司等の影響力利用による性的関係・わいせつな行為	●	●		
	イ　意に反することを認識の上でのわいせつな言辞等の性的な言動の繰り返し		●	●	

事　由	免職	停職	減給	戒告
執拗な繰り返しにより強度の心的ストレスの重積による精神疾患に罹患させたもの	●	●		
ウ　意に反することを認識の上でのわいせつな言辞等の性的な言動			●	●
⒂パワー・ハラスメント				
ア　著しい精神的又は身体的な苦痛を与えたもの		●	●	●
イ　指導、注意等を受けたにもかかわらず、繰り返したもの			●	●
ウ　強度の心的ストレスの重積による精神疾患に罹患させたもの	●	●	●	
⑴　横領	●			
⑵　窃取	●			
⑶　詐取	●			
⑷　紛失				●
⑸　盗難				●
⑹　官物損壊			●	●
⑺　失火				●
⑻　諸給与の違法支払・不適正受給			●	●
⑼　公金官物処理不適正			●	●
⑽　コンピュータの不適正使用			●	●
⑴　放火	●			
⑵　殺人	●			
⑶　傷害		●	●	
⑷　暴行・けんか			●	●
⑸　器物損壊			●	●
⑹　横領				
ア　横領	●	●		
イ　遺失物等横領			●	●
⑺　窃盗・強盗				
ア　窃盗	●	●		
イ　強盗	●			
⑻　詐欺・恐喝	●	●		
⑼　賭博				
ア　賭博			●	●
イ　常習賭博		●		
⑽　麻薬等の所持等	●			

2 公金官物取扱い（⑴〜⑽）

3 公務外非行関係（⑴〜⑽）

事　由		免職	停職	減給	戒告
(11)	酩酊による粗野な言動等			●	●
(12)	淫行	●	●		
(13)	痴漢行為		●	●	
(14)	盗撮行為		●	●	
(1)	飲酒運転				
	ア　酒酔い	●	●		
	人身事故あり	●			
	イ　酒気帯び	●	●	●	
	人身事故あり	●	●		
	措置義務違反あり	●			
	ウ　飲酒運転者への車両提供、飲酒運転車両への同乗行為等	●	●	●	●
	※飲酒運転をした職員の処分量定、飲酒運転への関与の程度等を考慮し決定				
(2)	飲酒運転以外での人身事故				
	ア　死亡又は重篤な傷害	●	●	●	
	措置義務違反あり	●	●		
	イ　傷害			●	●
	措置義務違反あり		●	●	
(3)	飲酒運転以外の交通法規違反				
	著しい速度超過等悪質な交通法規違反		●	●	●
	物損・措置義務違反あり		●	●	
(1)	指導監督不適正			●	●
(2)	非行の隠ぺい、黙認		●	●	

（左端見出し）

4　飲酒運転・交通事故・交通法規違反

5　監督責任

Q89

処分の結果は公表しなければいけないのですか？

ここがポイント！

処分の結果に対しては社会の関心が向けられることから、公表することを前提として、その可否を検討する。どの時点で、どの内容を公表するかについての判断が求められる。

■解説 ···

　コンプライアンス・倫理違反や非違行為など、不祥事については、その発生についての報道がなされた場合には、特に社会の関心を集めます。また、不祥事発覚について「第一報」を広報しているケースについては、その結果がどのようになったかについても公表することが求められます。どのような処分の結果に至ったかについて、透明な情報提供が期待されます。

　処分の検討に当たっては、正確な情報収集に基づいて、的確な判断がなされなければならず、ときとして慎重な検討のために時間を要する場合もありますが、**処分が決定した後は、速やかに、どの時点でどの内容を公表するかを判断する**ことが求められます。

　なお、厳重注意、訓告等（懲戒処分に至らない措置）が行われた場合についても、それらの対象者に関する情報（何人に対してどの措置を講じたか）を懲戒処分についての公表に併せて行うことがあります。それは、非違行為に対する、任命権者（懲戒権者）としての姿勢を示す意味もあります（総合的な判断の結果、懲戒処分に至らなかったものの、行政上の指導等を行い、今後の再発等の防止の措置として組織としての考え・立場を示すことになります。）。

☞Q90、【参考⑯】（P.127）

Q90 公表はどのような手順で行われますか？

ここがポイント！

伝えるべき内容を準備し、併せて今後の取組の方向性も固める。公表時期を決定する。
公表方法については、適宜の方法による（公表後の質問等に答える準備をする。）。

■解説

懲戒処分の公表に係る原則的な取扱いを示すものとして、人事院が発出した懲戒処分の公表指針（平成15年11月10日総参 − 786）があります。

原則的な手順を示すもので、次のとおりです。

公表対象としては、(1) 職務遂行上の行為又はこれに関連する行為に係る懲戒処分及び(2) 職務に関連しない行為に係る懲戒処分のうち、免職又は停職である懲戒処分について行います。なお、懲戒処分に至らない厳重注意、訓告等も必要に応じて併せて行うこともあります。

公表内容としては、事案の概要、処分量定及び処分年月日並びに所属、役職段階等の被処分者の属性に関する情報を、個人が識別されない内容のものとすることを基本とします。ただし、被害者又はその関係者のプライバシー等の権利利益を侵害するおそれがある場合等については、公表内容の一部又は全部を公表しないことも差し支えないものとされます。

公表は、懲戒処分を行った後、速やかに公表するものとされますが、軽微な事案については、一定期間ごとに一括して公表することもあります。

公表の方法は、資料の提供など適宜の方法によることを原則とします。

☞【参考⑱】（P.143）

【参考⑱】

懲戒処分の公表指針

　人事院が発出した懲戒処分の公表指針（平成15年11月10日総参－786）は次のとおりです。

　人事院では、この度、各府省等が懲戒処分の公表を行うに当たっての参考に供することを目的として、下記のとおり懲戒処分の公表指針を作成しました。各府省等におかれては、本指針を踏まえて、懲戒処分の適正な公表に努められるようお願いいたします。

　本指針は懲戒処分の公表に係る原則的な取扱いを示したものであり、個別の事案に関し、当該事案の社会的影響、被処分者の職責等を勘案して公表対象、公表内容等について別途の取扱いをすべき場合があることに御留意ください。

記

1　公表対象
　次のいずれかに該当する懲戒処分は、公表するものとする。
　⑴　職務遂行上の行為又はこれに関連する行為に係る懲戒処分
　⑵　職務に関連しない行為に係る懲戒処分のうち、免職又は停職である懲戒処分

2　公表内容
　事案の概要、処分量定及び処分年月日並びに所属、役職段階等の被処分者の属性に関する情報を、個人が識別されない内容のものとすることを基本として公表するものとする。

3　公表の例外
　被害者又はその関係者のプライバシー等の権利利益を侵害するおそれがある場合等1及び2によることが適当でないと認められる場合は、1及び2にかかわらず、公表内容の一部又は全部を公表しないことも差し支えないものとする。

4　公表時期
　懲戒処分を行った後、速やかに公表するものとする。ただし、軽微な事案については、一定期間ごとに一括して公表することも差し支えないものとする。

5　公表方法
　記者クラブ等への資料の提供その他適宜の方法によるものとする。

2 不祥事防止のために今できること

$Q91$ 不祥事防止対策の基本としてどのようなことがありますか？

ここがポイント！

不祥事につながらないような事前の対応が必要（ヒヤリハットやニアミスへの注目）。

他の組織又は過去の事例に学び、予防策・対応策を講じる。

報告・連絡・相談がスムーズに行われる体制・態勢づくり。

■解説 ‥‥‥‥‥‥‥‥‥‥‥‥‥‥‥‥‥‥‥‥‥‥

組織不祥事を防止する活動の特徴について、谷口勇仁「コンプライアンス活動における管理職の役割」（『人事院月報』2018年8月号）は、次のように説明しています。

> 第1に、**組織不祥事が発生する可能性は常に存在する**が、実際に発生（発覚）する件数が非常に少ないということである。
>
> 第2に、「起きない」という状態が望ましい状態である。このような特徴から、不祥事を防止する手法は、不祥事の発生件数をコントロールするアウトプット管理よりは、不祥事の発生メカニズムを想定したプロセス管理になるだろうし、その際には、**不祥事が起きる手前の状態**（事故でいうヒヤリハットやニアミスの状態）**に注目**することになる。
>
> 組織不祥事を防止するためには、不祥事が発生する可能性がある段階で、その可能性について上司に報告・相談することが重要となる。したがって、非倫理的行動に関する**報告活動（reporting）が重要**なのである。この点は常々注目されており、学術的には報告する文化（reporting culture）の醸成として捉えられ、一定の研究が蓄積されている。他方、実務界においては「風通しの良い組織風土」として捉えられ、コンプライアンス研修などにおいて、風通しの良い組織風土構築の重要性や、いわゆる「報連相（ホウレンソウ）」の重要性などが強調される。

Q92 組織としてどのような体制を整えるべきですか？

ここがポイント！

コンプライアンス体制を整えるには、倫理規程の整備、具体的な内容の明示、組織文化の形成のための取組、実効性のある研修の計画と実施などを構築することが求められる。

■解説 ···

　原田三朗『倫理学講義』では、組織としての行動基準の重要性を指摘しています。倫理規則やガイドラインの設定とその運用、日常的な研修、あるいは不正行為が起こりにくいような組織の構築などが求められます。そして、「公務員倫理の担い手は、あくまで一人ひとりの公務員であるが、その倫理意識を高めるために、組織のトップは、倫理規程の整備、具体的な内容の明示、違反者の処分、職場のリーダーを核とする組織文化の形成、研修による徹底、PDCA（plan-do-check-action、計画－実行－監査－修正）のサイクルの実施などさまざまな対策を進めることができる。」と指摘しています。

　なお、組織のミドルに着目して、お互いに規範を「創発」する意義の指摘もあります（梅津光弘「公務員倫理の新潮流」（『人事院月報』2021年4月号））。

　また、植村修一「不祥事はなぜ起こるのか」（『人事院月報』2019年4月号）では、対策として、「ルールを守る」という最低限のモラル、規範意識の徹底は当然とした上で、①業務プロセスの透明性向上、②現場リスクの軽減及び③監査体制の充実の必要性を指摘しています。

　浜辺陽一郎『図解　コンプライアンス経営』では、**組織の「体制」づくりとともに、メンバーがどう臨んでいくのかの「態勢」の二つの「タイセイ」に着目**しています。なお、不祥事の発見のきっかけにもなる苦情への適切な対応もリスク管理の一つといえます。

【参考⑲】

リスクマネジメントとしての苦情対応

　池内裕美「苦情の現状、メカニズム、そして実践〜リスクマネジメントとしての苦情対応〜（その1）」（『人事院月報』2020年5月号）によれば、苦情の特徴の変遷（ターニングポイント）としては、
・「クレーマー」1999年に発生した大手企業メーカーに対する顧客クレーム対応
・「悪質クレーマー」2013年衣料品チェーンで発生した事案
・「炎上」2014年末から2015年頃に欠けて異物混入事件
があるとされます。また、苦情が増加していることの背景としては、次の8つの状況を示しています。
　①　消費者の地位や権利意識の向上
　②　企業に対する不信感の増大
　③　インターネット、特にSNSの普及
　④　フリーダイヤル化と携帯電話（スマートフォン）の普及
　⑤　規範意識の低下に伴う苦情障壁の低下
　⑥　過剰サービスによる過剰期待
　⑦　過重労働やSNS束縛などによる慢性疲労
　⑧　不寛容社会の到来
そして、近年の苦情の特徴として、次の6つに整理しています。
　①　正義感による世直し型クレーム（筋論クレーマー）
　②　普通の人のカスタマーハラスメント化
　③　心に問題を抱えた者による異常な怒りを伴った苦情
　④　承認欲求を得たいがための苦情
　⑤　不満のはけ口としての苦情
　⑥　クレームストーカー

　同「苦情の現状、メカニズム、そして実践〜リスクマネジメントとしての苦情対応〜（その2）」（『人事院月報』2020年6月号）では、苦情行動者の心理的変化（怒り・興奮の絶頂期→カタルシス効果→解決法・代替案・貴重な情報提供へのお礼）、苦情に関する組織内での共有・伝承、インターナル・マーケティング（従業員・職員へのサポート）等について言及されています。

Q93　個々の職員として必要な心構えはなんですか？

ここがポイント！

まず、コンプライアンス・倫理について理解し、日々の行動に反映し、習慣化から無意識的な行動につながるようにする。

■解説 ……………………………………………………………

　個々の職員として、まず、自治体がめざすコンプライアンス・倫理について理解することが第一歩です。納得できなければ行動にはつながりません。ただ、コンプライアンス・倫理は、日々の職務遂行との関係では、職務自体というよりも、その背景・前提となるものですから、意識的に行動に反映させることが必要です。それが定着し、習慣化する、いわば無意識にふさわしい行動となって現れることが期待できます。

　他方で、組織の中の「無意識のバイアス」から逃れつつ、風通しの良い職場を作ることの重要性も指摘されています（出見世信之「風通しの良い組織の条件」（『人事院月報』2021年4月号））。

　八田進二「日常的に『倫理』を意識し、率先垂範を─その行動、家族に説明できますか─」（『人事院月報』2019年11月号）は、「ゼロ・トレランス（zero-tolerance）の論理」（ダメなものはダメ）を基本とし、近時の不祥事を取り巻く環境の変化としての「黙っていられない」（告発する）ことも踏まえ、風通しの良い組織風土を構築するための、ディスカッション、さらに「我が事」とするためのカードの利用も紹介しています（日頃から意識させる取組例として、名刺サイズのカード「本日のあなたの言動は、帰宅後に、親、配偶者、子どもなど家族に対して胸を張って説明できますか。」の配付）。

【参考⑳】

「カード」の利用（例）

国家公務員倫理審査会

国家公務員倫理カード

私は、国家公務員としての誇りを持ち、その使命を自覚して、以下の規範を遵守します。

- 国民全体の奉仕者であることを自覚し、公正な職務執行に当たること
- 職務や地位を私的利益のために用いないこと
- 国民の疑惑や不信を招くような行為をしないこと
- 公共の利益の増進を目指し、全力を挙げて職務に取り組むこと
- 勤務時間外でも、公務の信用への影響を認識して行動すること

倫理行動規準（倫理規程第1条）

禁 止 行 為

利害関係者との間
- 香典・せん別・歳暮などの名目を問わず、金銭・物品等の贈与を受けること
  （例外 広く一般に配布される宣伝用物品や記念品）
- 酒食等のもてなしなど、供応接待を受けること
  （例外 会議での簡素な飲食、多数の者が出席する立食パーティー）
- 自動車による送迎など、無償でサービスの提供を受けること
- ゴルフや旅行を共にすること ● 金銭の貸付けを受けること など

利害関係者以外との間
- 繰り返しの接待や著しく高額なものの贈与を受けるなど、社会通念上相当と認められる程度を超えて供応接待や財産上の利益の供与を受けること

その他
- つけ回しをすること ● 国の機関が補助金等を支出している書籍等の監修料等を受けること
- 他の職員が倫理規程違反によって得た利益であることを知りながら、その利益を享受すること
- 倫理法等違反の事実について、虚偽の申述又は隠ぺいをすること
- 管理監督職員が、当該事実について黙認すること

| 利害関係者とは | 職務として携わる許認可、補助金、立入検査、監査・監察、不利益処分、行政指導、契約等の事務の相手方など
※異動により直接の利害関係がなくなった場合も、原則3年間は引き続き利害関係者とみなされます。 |

利害関係者との飲食の際の注意事項
- ◆割り勘など利害関係者の負担によらない飲食は禁止されていません。
- ◆ただし、自己負担が不十分で差額分を利害関係者が負担した場合（きちんと割り勘になっていない場合など）には、当該差額分の供応接待を受けたことになります。
- ◆利害関係者と飲食した際は、自己の費用を正しく負担しているか領収書等で確認しましょう。
- ※利害関係者と飲食する際、自己の費用が1万円を超える場合は、倫理監督官への事前の届出が必要

禁止行為をした場合、倫理規程違反として免職などの懲戒処分を受けることとなります

職場としての取組はどのように行えばよいですか？

ここがポイント！

円滑なコミュニケーションを通じて部下、上司の信頼関係（「言いやすい」「聞くことを重視する」関係）の構築により、「風通しの良い職場」の実現を図る。

■解説 …………………………………………………………

　職場全体としての取組として、いわゆる風通しのよい職場を作っていくことが求められます。そのためにはコミュニケーションが重要であることについては異論がないといえます。しかし、現実にはそう簡単にはいきません。この点について、例えば、職場での「報告」の活動が阻害される要因として、部下については「社会人が抱く信念」（自分で処理できることは報告しない）が、管理職については「伝わらない」ことによるという躊躇などがあるとされます（谷口勇仁「コンプライアンス活動における管理職の役割」（『人事院月報』2018年8月号））。

　では、できるだけコミュニケーションの機会を増やせばよいのかというと、そう単純にはいかない。人は対面的に接触する機会が増えるほど互いの欠点が目に付き、衝突が多くなり、職場内でコミュニケーションをとること自体を躊躇してしまう。そこで、コミュニケーションを情報伝達の道具としてのみ用いるのでなく、友達や家族との交わりにおいて我々が用いる、**相手のことを思いやる「目的としてのコミュニケーション」**を職場でのコミュニケーションにもある程度入れていく必要があろうという指摘がなされています（中谷常二「公務員倫理を考える～倫理的な組織風土構築のために～」（『人事院月報』2016年3月号））。

　また、「いいたいことがいえる」ための「心理的安全性」が確保され、その上で、しっかり主張できること（「アサーティブ・コミュニケーション」）が必要であるといえます。

Q95 上司の役割としてはどのようなものがありますか？

ここがポイント！

職員の一人として、コンプライアンス・倫理を理解し基く行動をすることはもちろん、①部下マネジメント、②組織・業務マネジメント、③危機管理の役割がある。また、部下に違反行為があった場合には、黙認してはならない。

■ 解説

　部下を持つ職員に求められる役割として、『国家公務員倫理読本』は、「一人の国家公務員として倫理法令を遵守すること」はもちろん、「組織や部門の長として部下職員が倫理法等違反行為をしないよう部下や組織・業務をマネジメントする必要がある」として、3つの役割にまとめています。

① **部下をマネジメントする**（研修の受講機会付与や注意喚起、部下職員の言動への配慮）

② **組織・業務をマネジメントする**（相談できる職場環境作り、未然防止のための業務処理体制）

③ **危機管理能力を高める**（自身の組織でも起こりうることの認識、早期発見・早期対応）

　倫理法等違反が疑われる行為を認知した場合には、一人で判断するのではなく、速やかに担当部局へ相談・通報し、調査を行う部署に積極的に協力し、事実関係を明らかにし、思い込みで動かないよう、公正・公平な目で判断することが求められます。**「おかしいと思えば早期に対処する」という姿勢を内外に示すことが重要**です。なお、相談・通報者に対しては、その姿勢を評価し、職場の雰囲気が悪化しないよう配慮することが求められます。

　また、管理職の職員は、部下職員に、倫理法等に違反が疑われる事実がある場合に、それを**黙認してはなりません**（倫理規程第7条第3項）。

Q 96　ルールとしてはどのようなものを定めたらよいですか？

これまでの経験等を踏まえて、コンプライアンス・倫理についての方針を定める。

規程の内容としては、行動のルール等に関する倫理法・倫理規程を参照して検討する。

内部通報、不正関与防止に関する規定を含む場合もある。

ルールの形式については、条例、規則等適宜選択する。

心構えを箇条書きにしてルールに含める場合もある。

■ **解説** ……………………………………………………………………

　倫理法、倫理規程を参考にすれば、目的、コンプライアンス・倫理保持のための行為についてのルール（行動基準、利害関係者、禁止行為）、報告について定める場合にはその基準、手続等について定めることになります。

　規制事項のみならず、積極的倫理の観点から、よりよい行政を目指すための措置等の内容を含むことがあります。また、心構えを箇条書きにしてルール（又は別途の規程等）定める場合もあります。

　なお、植村修一「不祥事はなぜ起こるのか」（『人事院月報』2019年4月号）では、**「不祥事は必ず起こる」**ことを前提に、他の組織で起きたことを他山の石として危機管理を考え、**「最悪の事態を想定し、万全な対応をとる」**ことが述べられています。

☞Q12、Q13、【参考⑤】（P.21）、【参考⑥】（P.27）、【参考⑦】（P.34）、【もう少しくわしく④】（P.92）

Q97

公務員倫理に関する報告・公表についてはどのような仕組みがありますか？

ここがポイント！

公務員倫理制度の内容として、行為のルールと共に報告のルールがある。

報告という形式（情報公開・公表につながる）による抑止力が期待される。

■解説 ....

　国の報告のルールの概要は、次のとおりです（人事院『国家公務員プロフィール』から抜粋）。

●倫理保持のための仕組み

```
                    ①倫理行動規準
                    （理念・心構え）
        ②行動のルール              ③報告のルール
                国家公務員倫理審査会
                倫理監督官（各府省事務次官等）
```

●報告のルールの概要

職員の役職段階に応じて3種類の報告が義務付けられ、倫理審査会は職務の執行の公正さの観点から、送付された報告書の審査を行っています。

①贈与等の報告（本省課長補佐級以上の職員　5千円を超える贈与等）

②株取引等の報告（本省審議官級以上の職員）

③所得等の報告（前年一年間を通じて本省　審議官級以上の職員）

職員 → 提出 ①② ③ 四半期ごと ③ 年1回（3月） → 各省各庁の長等 → 写しの送付 ① 指定職以上の職員の分 ②③ 全て → 倫理審査会

閲覧請求 → 国　民　等

①のうち1件2万円を超えるもの

Q98　マニュアルの作成、使用に当たっての留意点はなんですか？

ここがポイント！

蓄積された知識の制度化を図る。
趣旨、基本理念、関連制度の説明、運用の手順が含まれる。
個々の確認用のチェックリストを加えることもある。
実効性の観点から、マニュアルの弊害に注意する。
作って終わりでなく、そこからの運用見直しが必要である。

■解説

　組織として共有・蓄積した知識を目に見える形で、かつ、具体的な行動の指針となるように示すものがマニュアルです。

　趣旨、基本理念、関連制度の紹介・ポイントなどを含みます。

　作成時は、その時点での必要な情報に基づき、「最新」の状況を反映しますが、時と共に状況の変化、意識の変化などが生じ、必要に応じて改定をすることも求められます。マニュアルは便利なものですが、しばしば、非常に工夫されたマニュアルが、作成段階での狙いにもかかわらず活用されず、さらに時の経過と共に**形骸化**してしまうこともあります。

　マニュアルの「落とし穴」として**実効性**という課題があります。さまざまな細かな内容を盛り込みすぎて利用者にとって面倒となってしまい、利用者は、仕事・本務に忙殺されていて（という言い訳もよく聞かれます。）、マニュアルを熟読しそれに基づく行動ができないことも少なからず見受けられます。

　さらに危険なのは、内容面でもマニュアルに従うことが面倒でいちいち手順に従えないことから、「従ったことにする」形を整えてしまうことです。**「従ったことにする」ということは「していない」こと**です。ここにコンプライアンス・倫理違反の目があることを認識する必要があります。

☞Q99

Q99
チェックリストを有効に活用するにはどうすればよいですか？

ここがポイント！

チェックリストは、振返りのため、あらためて意識をもつために有用なものである。
項目が多すぎると利用されないことになる。
利用機会を周知する。

■ 解説

　チェックリストは、重要な事項で確認すべきことがらを短い表現で表したもので構成され、文頭に□をおき、チェックがしやすく整理されたものです。

　作成・運用上の課題として、一つには、体系性・網羅性を意識するあまり、項目が多くなりすぎる傾向があることです。チェック項目が多数に及び、その結果、確認者が面倒に感じて利用されなくなってしまう危険があります。

　また、コンプライアンス・倫理に関する基本的な内容の理解を確認するために、通常ではまず起こらないケースを示して、「……は許されない」等の記述を置くと、読み手があまり真剣に確認しなくなることがあります。実は、重大な不祥事は確実にどこかで起きているのですが、いわば平時の落ち着いたときに問われると、模範的な倫理観からこんなことをするわけがない、という反応が生じてしまいます。

　倫理研修の場などでも、受講者は理屈とあるべき姿はよく理解・承知しているのですが、**実際にいかなる状況でもそれが実行できるかが問題**です。

　チェックリスト利用に当たっての留意事項もしっかりと周知することが必要です。

Q100

地方公務員がコンプライアンス・倫理を学ぶにはどのような方法がありますか？

ここがポイント！

一人ひとりが倫理に関する研修教材等を自習用に提供することもある。

管理者が意識したコミュニケーション等を通じて行うOJTも有用である。

研修を実施する場合、講話に加えて、参加者が自ら考える機会（班別討議）を含むものも有用である。

積極的倫理（研修）の考え方も参考となる。

■解説 ………………………………………………………

　職員向けマニュアル、パンフレット等が作成されている場合には、それを教材として自習をすることもできます。また、人事院国家公務員倫理審査会HPに掲載されているもの（例えば、『倫理読本』）や、『公務員の服務と倫理』（公務員研修教材 第3分冊）なども参考となります。

　職場で、管理監督者がコミュニケーション等を通じて行うOJTも有用です。

　近時、倫理研修として、**倫理的ジレンマ**（個人的、政策決定に関する）事例を活用した倫理的判断力や政策分析力の向上を目指す方式も着目されています（阿久澤徹「倫理的判断力や政策分析力の向上をねらった倫理研修の展開」（『試験と研修』2020年11月号））。

　また、「**新しい公務員倫理**」（コンプライアンス・アプローチの次のステップになるものとして、**公務員がよりよい行政について考えるための思考法、価値観を身につけ、これを習慣化させることにより、その実現をめざすこと**）も提唱されています（中谷常二「新しい公務員倫理の考え方」『人事院月報』2017年2月号）。

資料編

- **国家公務員倫理法**（平成11年8月13日法律第129号）（抄）
  【第43条（地方公共団体の講ずる施策）で、自治体に対して、国の施策に準じて自治体職員の職務に係る倫理の保持のための必要な施策を講じる努力義務が課されています（本文（Q10）参照）。条例として定めている自治体は多くはありませんが、次の国家公務員倫理規程と共に、職員倫理に関する内容として参照されるものです。】

- **国家公務員倫理規程解説**（抄）
  【国家公務員倫理規程（平成12年3月28日政令第101号）の各条項に解説を加えているものです。5項目の倫理行動規準、利害関係の7つの類型、禁止行為、届出、報告等に関する事項が規定されています。（人事院HP所収）】

- **倫理規程論点整理**（抄）
  【令和2年新装版として、「事業者・利害関係者」の範囲、自動車利用、飲食物の提供、遊技・ゴルフ、旅行等についての論点が示されています。なお、令和5年3月に論点整理・事例集の改訂版が整理されています。（人事院HP所収）】

国家公務員倫理法（平成11年法律第129号）（抄）

目　次

第1章　総則（第1条―第4条）
第2章　国家公務員倫理規程（第5条）
第3章　贈与等の報告及び公開（第6条―第9条）
第4章　国家公務員倫理審査会（第10条―第38条）
第5章　倫理監督官（第39条）
第6章　雑則（第40条―第46条）
附則

第1章　総則

（目的）

第1条　この法律は、国家公務員が国民全体の奉仕者であってその職務は国民から負託された公務であることにかんがみ、国家公務員の職務に係る倫理の保持に資するため必要な措置を講ずることにより、職務の執行の公正さに対する国民の疑惑や不信を招くような行為の防止を図り、もって公務に対する国民の信頼を確保することを目的とする。

（定義等）

第2条　この法律（第21条第2項及び第42条第1項を除く。）において、「職員」とは、国家公務員法（昭和22年法律第120号）第2条第2項に規定する一般職に属する国家公務員（委員、顧問若しくは参与の職にある者又は人事院の指定するこれらに準ずる職にある者で常勤を要しないもの（同法第81条の5第1項に規定する短時間勤務の官職を占める者を除く。）を除く。）をいう。

2　この法律において、「本省課長補佐級以上の職員」とは、次に掲げる職員をいう。

　一　一般職の職員の給与に関する法律（昭和25年法律第95号。以下「一般職給与法」という。）の適用を受ける職員であって、次に掲げるもの（ト又はチに掲げるものについては、一般職給与法第10条の2第1項の規定による俸給の特別調整額の支給を受ける者に限る。）

　　イ　一般職給与法別表第一イ行政職俸給表㈠の職務の級5級以上の職員

　　ロ　一般職給与法別表第二専門行政職俸給表の職務の級4級以上の職員（以下略）

3・4　（略）

5　この法律において、「事業者等」とは、法人（法人でない社団又は財団で代表者又は管理人の定めがあるものを含む。）その他の団体及び事業を行う個人（当該事業の利益のためにする行為を行う場合における個人に限る。）をいう。

6　この法律の規定の適用については、事業者等の利益のためにする行為を行う場合における役員、従業員、代理人その他の者は、前項の事業者等とみなす。

7　（略）

（職員が遵守すべき職務に係る倫理原則）

第3条　職員は、国民全体の奉仕者であり、国民の一部に対してのみの奉仕者ではないことを自覚し、職務上知り得た情報について国民の一部に対してのみ有利な取扱いをする等国民に対し不当な差別的取扱いをしてはならず、常に公正な職務の執行に当たらなければならない。

2　職員は、常に公私の別を明らかにし、いやしくもその職務や地位を自らや自らの属する組織のための私的利益のために用いてはならない。

3　職員は、法律により与えられた権限の行使に当たっては、当該権限の行使の対象となる者からの贈与等を受けること等の国民の疑惑や不信を招くような行為をしてはならない。

（国会報告）

第4条　内閣は、毎年、国会に、職員の職務に係る倫理の保持に関する状況及び職員の職務に係る倫理の保持に関して講じた施策に関する報告書を提出しなければならない。

第2章　国家公務員倫理規程

第5条　内閣は、第3条に掲げる倫理原則を踏まえ、職員の職務に係る倫理の保持を図るために必要な事項に関する政令（以下「国家公務員倫理規程」という。）を定めるものとする。この場合において、国家公務員倫理規程には、職員の職務に利害関係を有する者からの贈与等の禁止及び制限等職員の職務に利害関係を有する者との接触その他国民の疑惑や不信を招くような行為の防止に関し職員の遵守すべき事項が含まれていなければならない。

2　内閣は、国家公務員倫理規程の制定又は改廃に際しては、国家公務員倫理審査会の意見を聴かなければならない。

3　各省各庁の長（内閣総理大臣、各省大臣、会計検査院長、人事院総裁、内閣法制局長官及び警察庁長官並びに宮内庁長官及び各外局の長をいう。以下同じ。）は、国家公務員倫理審査会の同意を得て、当該各省各庁に属する職員の職務に係る倫理に関する訓令を定めることができる。（以下略）

第3章　贈与等の報告及び公開

（贈与等の報告）

第6条　本省課長補佐級以上の職員は、事業者等から、金銭、物品その他の財産上の利益の供与若しくは供応接待（以下「贈与等」という。）を受けたとき又は事業者等と職員の職務との関係に基づいて提供する人的役務に対する報酬として国家公務員倫理規程で定める報酬の支払を受けたとき（当該贈与等を受けた時又は当該報酬の支払を受けた時において本省課長補佐級以上の職員であった場合に限り、かつ、当該贈与等により受けた利益又は当該支払を受けた報酬の価額が1件につき5千円を超える場合に限る。）は、1月から3月まで、4月から6月まで、7月から9月まで及び10月から12月までの各区分による期間（以下「四半期」という。）ごとに、次に掲げる事項を記載した贈与等報告書を、当該四半期の翌四半期の初日から14日以内に、各省各庁の長等（各省各庁の長及び行政執行法人の長をいう。以下同じ。）又はその委任を受けた者に提出しなければならない。

一　当該贈与等により受けた利益又は当該支払を受けた報酬の価額

二　当該贈与等により利益を受け又は当該報酬の支払を受けた年月日及びその基因となった事実

三　当該贈与等をした事業者等又は当該報酬を支払った事業者等の名称及び住所

四　前3号に掲げるもののほか国家公務員倫理規程で定める事項

2　各省各庁の長等又はその委任を受けた者は、前項の規定により贈与等報告書の提出を受けたときは、当該贈与等報告書（指定職以上の職員に係るものに限り、かつ、第9条第2項ただし書に規定する事項に係る部分を除く。）の写しを国家公務員倫理審査会に送付しなければならない。

（株取引等の報告）

第7条　本省審議官級以上の職員は、前年において行った株券等（株券、新株予約権証券又は新株予約権付社債券をいい、株券、新株予約権証券又は新株予約権付社債券が発行

されていない場合にあっては、これらが発行されていたとすればこれらに表示されるべき権利をいう。以下この項において同じ。）の取得又は譲渡（本省審議官級以上の職員である間に行ったものに限る。以下「株取引等」という。）について、当該株取引等に係る株券等の種類、銘柄、数及び対価の額並びに当該株取引等の年月日を記載した株取引等報告書を、毎年、3月1日から同月31日までの間に、各省各庁の長等又はその委任を受けた者に提出しなければならない。

2　各省各庁の長等又はその委任を受けた者は、前項の規定により株取引等報告書の提出を受けたときは、当該株取引等報告書の写しを国家公務員倫理審査会に送付しなければならない。

（所得等の報告）

第8条　本省審議官級以上の職員（前年1年間を通じて本省審議官級以上の職員であったものに限る。）は、次に掲げる金額及び課税価格を記載した所得等報告書を、毎年、3月1日から同月31日までの間に、各省各庁の長等又はその委任を受けた者に提出しなければならない。

一　前年分の所得について同年分の所得税が課される場合における当該所得に係る次に掲げる金額（当該金額が100万円を超える場合にあっては、当該金額及びその基因となった事実）

イ　総所得金額（所得税法（昭和40年法律第33号）第22条第2項に規定する総所得金額をいう。）及び山林所得金額（同条第3項に規定する山林所得金額をいう。）に係る各種所得の金額（同法第2条第1項第22号に規定する各種所得の金額をいう。以下同じ。）

ロ　各種所得の金額（退職所得の金額（所得税法第30条第2項に規定する退職所得の金額をいう。）及び山林所得の金額（同法第32条第3項に規定する山林所得の金額をいう。）を除く。）のうち、租税特別措置法（昭和32年法律第26号）の規定により、所得税法第22条の規定にかかわらず、他の所得と区分して計算される所得の金額

二　前年中において贈与により取得した財産について同年分の贈与税が課される場合における当該財産に係る贈与税の課税価格（相続税法（昭和25年法律第73号）第21条の2に規定する贈与税の課税価格をいう。）

2　前項の所得等報告書の提出は、納税申告書（国税通則法（昭和37年法律第66号）第2条第6号に規定する納税申告書をいう。以下同じ。）の写しを提出することにより行うことができる。この場合において、同項第1号イ又はロに掲げる金額が100万円を超えるときは、その基因となった事実を当該納税申告書の写しに付記しなければならない。

3　各省各庁の長等又はその委任を受けた者は、第1項の所得等報告書又は前項の納税申告書の写し（以下「所得等報告書等」という。）の提出を受けたときは、当該所得等報告書等の写しを国家公務員倫理審査会に送付しなければならない。

（報告書の保存及び閲覧）

第9条　前3条の規定により提出された贈与等報告書、株取引等報告書及び所得等報告書等は、これらを受理した各省各庁の長等又はその委任を受けた者において、これらを提出すべき期間の末日の翌日から起算して5年を経過する日まで保存しなければならない。

2　何人も、各省各庁の長等又はその委任を受けた者に対し、前項の規定により保存されている贈与等報告書（贈与等により受けた利益又は支払を受けた報酬の価額が1件につき2万円を超える部分に限る。）の閲覧を請求することができる。ただし、次の各号のいずれかに該当するものとしてあらかじめ国家公務員倫理審査会が認めた事項に係る部分については、この限りでない。

一　公にすることにより、国の安全が害されるおそれ、他国若しくは国際機関との信頼関係が損なわれるおそれ又は他国若しくは国際機関との交渉上不利益を被るおそれがあるもの

二　公にすることにより、犯罪の予防、鎮圧又は捜査、公訴の維持、刑の執行その他の公共の安全と秩序の維持に支障を及ぼすおそれがあるもの

第4章　国家公務員倫理審査会

（設置）

第10条　人事院に、国家公務員倫理審査会（以下「審査会」という。）を置く。

（所掌事務及び権限）

第11条　審査会の所掌事務及び権限は、第5条第3項及び第4項、第9条第2項ただし書、第39条第2項並びに第42条第3項に定めるもののほか、次のとおりとする。

一　国家公務員倫理規程の制定又は改廃に関して、案をそなえて、内閣に意見を申し出ること。

二　この法律又はこの法律に基づく命令（第5条第3項の規定に基づく訓令及び同条第4項の規定に基づく規則を含む。以下同じ。）に違反した場合に係る懲戒処分の基準の作成及び変更に関すること。

三　職員の職務に係る倫理の保持に関する事項に係る調査研究及び企画を行うこと。

四　職員の職務に係る倫理の保持のための研修に関する総合的企画及び調整を行うこと。

五　国家公務員倫理規程の遵守のための体制整備に関し、各省各庁の長等に指導及び助言を行うこと。

六　贈与等報告書、株取引等報告書及び所得等報告書等の審査を行うこと。

七　この法律又はこの法律に基づく命令に違反する行為に関し、任命権者（国家公務員法第55条第1項に規定する任命権者及び法律で別に定められた任命権者並びにその委任を受けた者をいう。以下同じ。）に対し、調査を求め、その経過につき報告を求め及び意見を述べ、その行う懲戒処分につき承認をし、並びにその懲戒処分の概要の公表について意見を述べること。

八　国家公務員法第17条の2の規定により委任を受けた権限により調査を行うこと。

九　任命権者に対し、職員の職務に係る倫理の保持を図るため監督上必要な措置を講ずるよう求めること。

十　国家公務員法第84条の2の規定により委任を受けた権限により職員を懲戒手続に付し、及び懲戒処分の概要の公表をすること。

十一　前各号に掲げるもののほか、法律又は法律に基づく命令に基づき審査会に属させられた事務及び権限

（職権の行使）

第12条　審査会の会長及び委員は、独立してその職権を行う。

（組織）

第13条　審査会は、会長及び委員4人をもって組織する。

2　会長及び委員は、非常勤とすることができる。（以下略）

（会長及び委員の任命）

第14条　会長及び次項に規定する委員以外の委員は、人格が高潔であり、職員の職務に係る倫理の保持に関し公正な判断をすることができ、法律又は社会に関する学識経験を有する者であって、かつ、職員（検察官を除く。）としての前歴を有する者についてはその在職期間が20年を超えないもののうちから、両議院の同意を得て、内閣が任命する。

2　委員のうち一人は、人事官のうちから、内閣が任命する者をもって充てる。

3　会長又は前項に規定する委員以外の委員の任期が満了し、又は欠員を生じた場合において、国会の閉会又は衆議院の解散のために両議院の同意を得ることができないときは、内閣は、第1項の規定にかかわらず、同項に定める資格を有する者のうちから、会長又は前項に規定する委員以外の委員を任命することができる。

4　前項の場合においては、任命後最初の国会において両議院の事後の承認を得なければならない。この場合において、両議院の事後の承認を得られないときは、内閣は、直ちに、その会長又は第2項に規定する委員以外の委員を罷免しなければならない。

（会長及び委員の任期）

第15条　会長及び委員の任期は、4年とする。

2　人事官としての残任期間が4年に満たない場合における前条第2項に規定する委員の任期は、前項の規定にかかわらず、当該残任期間とする。（以下略）

（身分保障）

第16条　会長又は委員（第14条第2項に規定する委員を除く。以下この条、次条、第18条第2項及び第3項並びに第19条において同じ。）は、次の各号のいずれかに該当する場合を除いては、在任中、その意に反して罷免されることがない。

一　破産手続開始の決定を受けたとき。

二　禁錮以上の刑に処せられたとき。

三　審査会により、心身の故障のため職務の執行ができないと認められたとき、又は職務上の義務違反その他会長若しくは委員たるに適しない非行があると認められたとき。

（罷免）

第17条　内閣は、会長又は委員が前条各号のいずれかに該当するときは、その会長又は委員を罷免しなければならない。

（服務）

第18条　会長及び委員は、職務上知ることのできた秘密を漏らしてはならない。その職を退いた後も同様とする。

2　会長及び委員は、在任中、政党その他の政治的団体の役員となり、又は積極的に政治運動をしてはならない。

3　常勤の会長及び常勤の委員は、在任中、営利事業を営み、その他金銭上の利益を目的とする業務を行い、又は内閣の許可のある場合を除くほか、報酬を得て他の職務に従事してはならない。

第19条　（給与）（略）

第20条　（会議）（略）

第21条　（事務局）（略）

第22条　（調査の端緒に係る任命権者の報告）（略）

第23条　（任命権者による調査）（略）

第24条　（任命権者に対する調査の要求等）（略）

第25条　（共同調査）（略）

第26条　（任命権者による懲戒）（略）

第27条　（任命権者による懲戒処分の概要の公表）（略）

第28条　（審査会による調査）（略）

第29条　（懲戒処分の勧告）（略）

第30条　（審査会による懲戒）（略）

第31条　（調査終了及び懲戒処分の通知）（略）

第32条（審査会による懲戒処分の概要の公表）（略）

第33条（刑事裁判との関係の特例）（略）

第34条（秘密を守る義務の特例）（略）

第35条（関係行政機関に対する協力要求）（略）

第36条（人事院規則制定の要求）（略）

第37条（人事院の報告聴取等）（略）

第38条（人事院規則への委任）（略）

第5章　倫理監督官

第39条　職員の職務に係る倫理の保持を図るため、法律の規定に基づき内閣に置かれる各機関、内閣の統轄の下に行政事務をつかさどる機関として置かれる各機関及び内閣の所轄の下に置かれる機関並びに会計検査院並びに各行政執行法人（以下「行政機関等」という。）に、それぞれ倫理監督官1人を置く。

2　倫理監督官は、その属する行政機関等の職員に対しその職務に係る倫理の保持に関し必要な指導及び助言を行うとともに、審査会の指示に従い、当該行政機関等の職員の職務に係る倫理の保持のための体制の整備を行う。

第6章　雑則

第40条　削除

第41条（行政執行法人の職員に関する特例）（略）

第42条（特殊法人等の講ずる施策等）（略）

（地方公共団体等の講ずる施策）

第43条　地方公共団体及び地方独立行政法人法（平成15年法律第118号）第2条第2項に規定する特定地方独立行政法人は、この法律の規定に基づく国及び行政執行法人の施策に準じて、地方公務員の職務に係る倫理の保持のために必要な施策を講ずるよう努めなければならない。

（この法律の所掌）

第44条　この法律に基づく職員の職務に係る倫理の保持に関する内閣総理大臣の所掌する事務は、第4条、第5条第6項、第14条、第17条及び第18条第3項に定める事務に関するもののほか、国家公務員倫理規程並びに第42条第1項及び次条の政令に関するものに限られるものとする。

2　前項に定めるもの及びこの法律中他の機関が行うこととされるもののほか、この法律に基づく職員の職務に係る倫理の保持に関する事務は、審査会の所掌に属するものとする。

（政令への委任）

第45条　この法律に定めるもののほか、この法律（第4章を除く。）の実施に関し必要な事項は、審査会の意見を聴いて、政令で定める。

（罰則）

第46条　第18条第1項又は第21条第4項の規定に違反して秘密を漏らした者は、2年以下の懲役又は100万円以下の罰金に処する。

附　則

（施行期日）

第1条　この法律は、平成12年4月1日から施行する。ただし、次の各号に掲げる規定は、当該各号に定める日から施行する。（以下略）

国家公務員倫理規程解説（抄）

1 倫理行動規準

（倫理行動規準）

第1条 職員（国家公務員倫理法（以下「法」という。）第2条第1項に規定する職員をいう。以下同じ。）は、国家公務員としての誇りを持ち、かつ、その使命を自覚し、第1号から第3号までに掲げる法第3条の倫理原則とともに第4号及び第5号に掲げる事項をその職務に係る倫理の保持を図るために遵守すべき規準として、行動しなければならない。

　　一　職員は、国民全体の奉仕者であり、国民の一部に対してのみの奉仕者ではないことを自覚し、職務上知り得た情報について国民の一部に対してのみ有利な取扱いをする等国民に対し不当な差別的取扱いをしてはならず、常に公正な職務の執行に当たらなければならないこと。

　　二　職員は、常に公私の別を明らかにし、いやしくもその職務や地位を自らや自らの属する組織のための私的利益のために用いてはならないこと。

　　三　職員は、法律により与えられた権限の行使に当たっては、当該権限の行使の対象となる者からの贈与等を受けること等の国民の疑惑や不信を招くような行為をしてはならないこと。

　　四　職員は、職務の遂行に当たっては、公共の利益の増進を目指し、全力を挙げてこれに取り組まなければならないこと。

　　五　職員は、勤務時間外においても、自らの行動が公務の信用に影響を与えることを常に認識して行動しなければならないこと。

1　倫理行動規準は、職員の職務に係る倫理の保持を図るために、職員が認識すべき行動の規準、心構えである。
　この倫理行動規準は、職員が認識すべき行動の規準、心構えであり、具体的な行為の禁止等を規定したものではなく、いわゆる訓示規定である。

2　第1号から第3号までの規定は、国家公務員倫理法第3条に規定する、職員が遵守すべき職務に係る倫理原則を再掲したものである。

3　第4号は、公務に対する国民の信頼を確保するために職員が職務の遂行に当たって常に心がけるべき事項として、公共の利益の増進を目指し、全力を挙げてこれに取り組まなければならないことを掲げたものである。

4　第5号は、「権限の行使」（国家公務員倫理法第3条第3項）を離れた勤務時間外の行為であっても、職務の執行の公正さに対する国民の信用に影響を与える場合もあることから、勤務時間の内外を問わず、自らの行動が公務の信用に影響を与えることを常に認識して行動しなければならないことを、行動規準の一つとして掲げたものである。

2 利害関係者

（利害関係者）

第2条　この政令において、「利害関係者」とは、職員が職務として携わる次の各号に掲げる事務の区分に応じ、当該各号に定める者をいう。ただし、職員の職務との利害関係が潜在的なものにとどまる者又は職員の裁量の余地が少ない職務に関する

者として各省各庁の長（法第5条第3項に規定する各省各庁の長をいう。以下同じ。）が訓令（同項に規定する訓令をいう。以下同じ。）で又は独立行政法人通則法（平成11年法律第103号）第2条第2項に規定する特定独立行政法人（以下「特定独立行政法人」という。）の長が規則（法第5条第4項に規定する規則をいう。以下同じ。）で定める者及び外国政府若しくは国際機関又はこれらに準ずるものに勤務する者（当該外国政府若しくは国際機関又はこれらに準ずるものの利益のためにする行為を行う場合における当該勤務する者に限る。）を除く。

一 許認可等（行政手続法（平成5年法律第88号）第2条第3号に規定する許認可等をいう。）をする事務 当該許認可等を受けて事業を行っている事業者等（法第2条第5項に規定する事業者等及び同条第6項の規定により事業者等とみなされる者をいう。以下同じ。）、当該許認可等の申請をしている事業者等又は個人（同条第6項の規定により事業者等とみなされる者を除く。以下「特定個人」という。）及び当該許認可等の申請をしようとしていることが明らかである事業者等又は特定個人

二 補助金等（補助金等に係る予算の執行の適正化に関する法律（昭和30年法律第179号）第2条第1項に規定する補助金等をいう。以下同じ。）を交付する事務 当該補助金等（当該補助金等を直接にその財源の全部又は一部とする同条第4項第1号に掲げる間接補助金等を含む。）の交付を受けて当該交付の対象となる事務又は事業を行っている事業者等又は特定個人、当該補助金等の交付の申請をしている事業者等又は特定個人及び当該補助金等の交付の申請をしようとしていることが明らかである事業者等又は特定個人

三 立入検査、監査又は監察（法令の規定に基づき行われるものに限る。以下この号において「検査等」という。）をする事務 当該検査等を受ける事業者等又は特定個人

四 不利益処分（行政手続法第2条第4号に規定する不利益処分をいう。）をする事務 当該不利益処分をしようとする場合における当該不利益処分の名あて人となるべき事業者等又は特定個人

五 行政指導（行政手続法第2条第6号に規定する行政指導をいう。）をする事務 当該行政指導により現に一定の作為又は不作為を求められている事業者等又は特定個人

六 内閣府又は各省が所掌する事務のうち事業の発達、改善及び調整に関する事務（前各号に掲げる事務を除く。） 当該事業を行っている事業者等

七 国の支出の原因となる契約に関する事務若しくは会計法（昭和22年法律第35号）第29条に規定する契約に関する事務又はこれらの契約に相当する特定独立行政法人の業務に係る契約に関する事務 これらの契約を締結している事業者等、これらの契約の申込みをしている事業者等及びこれらの契約の申込みをしようとしていることが明らかである事業者等

八 財政法（昭和22年法律第34号）第18条第1項の規定による必要な調整に関する事務 当該調整を受ける国の機関

九 一般職の職員の給与に関する法律（昭和25年法律第95号）第8条第1項の規定による職務の級の定数の設定又は改定に関する事務 当該設定又は改定を受ける国の機関

十 総務省設置法（平成11年法律第91号）第4条第11号の規定による定員の設置、増減及び廃止に関する審査に関する事務 当該審査を受ける国の機関

1 利害関係者の基本的な考え方

(1) 国家公務員倫理規程の「利害関係者」は、基本的には国家公務員倫理法第5条第1項の「職員の職務に利害関係を有する者」であり、職員が当該者との間で国家公務員倫理

規程の定める一定の行為を行うことが、職務の執行の公正さに対する国民の疑惑や不信を招くおそれがある者である。

(2) 利害関係者の範囲は、基本的に、当該職員の職務遂行によって直接に利益又は不利益を受ける者であり、当該職員がその事務に携わる行政権限の相手方及び契約の相手方としている。職員の職務遂行のうちでも「特定の名あて人を対象としない行為によって利益又は不利益を受ける者（例えば、所得税の減税によって利益を得る国民一般）」は利害関係者とはしていない。また、届出の受領のように職員の裁量の余地が少ないものによって職員と関わる者は利害関係者としていない。

(3) 異動した後にも異動前の官職に影響力を行使することにより、その官職の職務の執行の公正さを歪めるおそれがあることから、異動後3年間は利害関係を継続する取扱いを設けている。（第2条第2項）

(4) また、職員が他の職員に対して影響力を行使することにより、当該他の職員の職務執行の公正さを歪めるおそれもあることから、そのような影響力行使を期待して職員に接触する者も利害関係者に含めることとしている。（第2条第3項）

2 「訓令」又は「規則」で除く趣旨

たとえ許認可等の行政権限であっても、職員と相手方との利害関係が潜在的なものにとどまるものや職員の裁量の余地が少ないものが存在し、その相手方との間で倫理規程で禁止される行為を行ったとしても職務の執行の公正さに対する国民の疑惑や不信を招くことには直ちにつながらないと認められるものがあるとの考え方に基づくものである。具体的に各府省又は特定独立行政法人が有する権限のうちどの権限がそれに該当するかについては、各省各庁の長が国家公務員倫理審査会の同意を得て訓令（特定独立行政法人の長にあっては規則）で定めることとする趣旨である。

3 外国政府若しくは国際機関又はこれらに準ずるものに勤務する者を利害関係者から除外した理由

(1) 外国政府若しくは国際機関又はこれらに準ずるもの（以下「外国政府等」という。）に勤務する者と我が国の職員が外交活動において接触する場合は、国以外の一般の者との接触においては行政権限等を背景に強い立場で接触することが多いのに対して、いわば対等の立場で接触するものであり、外国政府等に勤務する者と接触することによって、我が国の職員の職務遂行の公正さに対する国民の疑惑や不信を招くことは考えにくい。

また、外交活動においては、共に食事をすること、接待をしたりされたりすること、共にスポーツをすることが情報収集等の有効な手段として用いられており、そのほか、外交儀礼として名目的な物品の贈与が行われることが多々ある。通常の外交活動としてこれらの行為をすることは、職務遂行の公正さに対する国民の疑惑や不信を招くおそれは乏しく、他方、これらの行為を禁止・制限することは、外交活動を著しく阻害するおそれがある。

以上を考慮して、外国政府若しくは国際機関又はこれらに準ずるものに勤務する者を利害関係者から除外している。（以下略）

4 個々の職務ごとの利害関係者の考え方

(1) 許認可等（第1号）

① 考え方

許認可等は「何らかの利益」が存在する処分であるため、許認可等を受けようとする者と許認可等を行う者（許認可等の事務に携わる職員）との間には利害関係が存在しており、実際に許認可等を受けようとする者が許認可等を不正に得ようとして許認可等の事務に携わる職員に接触してくることも想定されることから、両者の接触の態様によっては、公正な職務の執行に対する国民の疑惑や不信を招くおそれがあるものと考えられる。

したがって、許認可等の申請をしようとしている時から許認可等を受けるまでの間は

利害関係者として職員が接触することを規制することとしたものである。なお、一般的には許認可等を受けた後については両者の利害関係は消滅するものとして取り扱うこととして問題ないと考える。ただし、当該許認可等により実施することが可能となった事業を行っている事業者等については、当該許認可等が当該事業を行う上で必須のものであって、当該許認可等により大きな利益を得ており、当該許認可等に係る事業を行う間はその利益を受け続けていることが明らかな者であることから、当該事業者等と当該許認可等に携わる職員との接触は、その態様により、許認可等を受けようとしている間における接触と同様に公正な職務の執行に対する国民の疑惑や不信を招くおそれがあるものと考えられる。

したがって、そのような事業者等については、当該事業を行っている間は利害関係者とし、当該許認可等に携わる職員が接触することを規制することとしたものである。

「許認可等」

行政手続法第2条第3号に規定する許認可等（法令に基づき、行政庁の許可、認可、免許その他の自己に対し何らかの利益を付与する処分）をいう。

「当該許認可等を受けて事業を行っている」

事業は営利・非営利を問わない。事業者等が当該事業を行う際に必要な許認可等をいう。

② 利害関係者となる者の範囲

　ア　当該許認可等を受けて事業を行っている事業者等

　イ　当該許認可等の申請をしている事業者等又は特定個人（倫理法第2条第6項の規定により事業者等とみなされる者以外の個人）

　ウ　当該許認可等の申請をしようとしていることが明らかである事業者等又は特定個人（注：「明らかである」については、下記の5参照）

⑵ 補助金等の交付（第2号）

① 考え方

補助金等の交付は、「国が特定の事務、事業に対し、国家的見地から公益性があると認め、その事務、事業の実施に資するため反対給付を求めることなく交付される金銭的給付」であり、その交付を受ける者とその交付に携わる者との間には強い利害関係が存在する。したがって、この両者の接触については、その態様によっては、両者が癒着して補助金等を不正に交付・受給しているものと見られることにより、補助金等に係る事務の公正な執行に対する国民の疑惑や不信を招くおそれがあることから、補助金等の交付を申請しようとしているときから補助金等の交付の対象となる事務又は事業が完了し実績報告を行うまでの間は当該補助金等の交付を受ける者を利害関係者とし、当該補助金等の交付の事務に携わる職員が接触することを規制することとしたものである。また、間接補助金等の交付を受ける者のうち国から補助金等を交付される者から直接、間接補助金等の交付を受ける者については、

　ア　直接国から金銭の給付を受ける者ではないが、国から補助事業者等へ補助金等が交付されればその補助金等が対象とする事務・事業の性格上、自らへの間接補助金等の交付が見込まれるとして、国に対し補助事業者等へ補助金が交付されるよう働きかける場合も考えられること

　イ　補助金等の交付に携わる職員にとっても自らが携わる補助金等が対象とする事務・事業の性格上、それが間接補助金等として補助金等の交付を受けた者からどのような者に流れるかは予見が可能であると考えられることから、このような者についても補助金等の交付に携わる職員の利害関係者とし、職員が接触することを規制することとしている。なお、補助金等の交付によって利益を受ける者としては、間接補助事業者等以外にも考えられる（例えば、補助事業者等から現物給付や移転支

出を受ける者）が、利害関係者については、法令上一定の範囲で規定する必要があるため、職員にとっての認知可能性をも考慮して、補助金等に係る予算の執行の適正化に関する法律で規定のある間接補助事業者等の一部に限定したものである。

② 利害関係者となる者の範囲

ア 当該補助金等の交付を受けて当該交付の対象となる事務又は事業を行っている事業者等又は特定個人（当該補助金等を直接にその財源の全部又は一部とする補助金等に係る予算の執行の適正化に関する法律第2条第4項第1号に掲げる間接補助金等の交付を受けて当該交付の対象となる事務又は事業を行っている事業者等又は特定個人を含む。以下この②において同じ。）

イ 当該補助金等の交付の申請をしている事業者等又は特定個人

ウ 当該補助金等の交付の申請をしようとしていることが明らかである事業者等又は特定個人

⑶ 立入検査、監査、監察（第3号）

① 考え方

立入検査、監査、監察（以下「検査等」という。）については、その性格上、検査等を実施する側と受ける側との間の癒着は厳に慎み、厳正に行われるべきものであると考えられるところ、当該検査等を現に受けている場合はもちろんのこと、年度の実施計画等により検査等を行うことが明らかとなっている場合についても、両者の接触はその態様によっては、検査等の日程を教えているのではないか等といった国民の疑惑や不信を招くおそれがあるため、法令上検査等の対象となっている者は利害関係者とし、検査等の実施に携わる職員が接触することを規制することとしたものである。

立入検査とは、行政機関等の職員が行政法規の執行を確保するため、監督的立場において監督を受ける事業者等の営業所、事務所、事業場、工場又は、場合によっては、住所等に、質問のため又は帳簿書類その他の物件の検査のため立ち入ることをいう。

監査とは、主として監察的見地から、事務若しくは業務の執行又は財産の状況を検査し、その正否を調べることをいう。会計検査院の行う検査は、これに該当する。

監察とは、行政監督上の立場から調査し、又は検査することをいう。総務省設置法に基づく評価及び監視もこれに含まれる。

② 利害関係者となる者の範囲

当該検査等を受ける事業者等又は特定個人

⑷ 不利益処分（第4号）

① 考え方

「不利益処分」とは、「行政庁が、法令に基づき、特定の者を名あて人として、直接に、これに義務を課し、又はその権利を制限する処分」（行政手続法第2条第4号）である。

このように不利益処分は「義務を課し、又はその権利を制限する処分」であることから、不利益処分を行おうとする者（不利益処分に携わる職員）と不利益処分の名あて人となるべき者との間には利害関係が存在しており、不利益処分の名あて人となるべき者が、不利益処分を受けないよう、又は軽い処分となるよう働きかけることも想定される。したがって、両者の接触の態様によっては、当該不利益処分の妥当性等に対する国民の疑惑や不信を招くおそれがあることから、不利益処分に係る手続が進行中の場合における不利益処分の名あて人となるべき者を利害関係者とし、当該不利益処分に携わる職員が接触することを規制することとしたものである。

② 利害関係者となる者の範囲

当該不利益処分をしようとする場合における当該不利益処分の名あて人となるべき事業者等又は特定個人

⑸　行政指導（第5号）

　①　考え方

　「行政指導」とは、「行政機関がその任務又は所掌事務の範囲内において一定の行政目的を実現するため特定の者に一定の作為又は不作為を求める指導、勧告、助言その他の行為であって処分に該当しないもの」（行政手続法第2条第6号）である。

　このように行政指導は処分には該当せず、「あくまでも相手方の任意の協力によってのみ実現される」（行政手続法第32条）ものであるが、行政機関がその任務又は所掌事務の範囲内の事項について「一定の作為又は不作為を求める」行為であることから、行政機関が相手方に一定の影響力を及ぼす行為であると考えられる。

　このような影響力を行使する側と影響力を受ける側との間には利害関係が存在しているものと考えられ、行政指導を受ける側が当該行政指導を中止、変更するよう働きかけるために当該行政指導に携わる職員に接触してくることも想定されることから、現に行政指導を受けている者と当該行政指導に携わっている職員の接触の態様によっては、公正な職務の執行に対する国民の疑惑や不信を招くおそれがあるものと考えられる。

　したがって、行政指導により現に一定の作為又は不作為を求めている間は、当該行政指導を受けている者は利害関係者とし、当該行政指導に携わる職員が接触することを規制することとしたものである。

　②　利害関係者となる者の範囲

　当該行政指導により現に一定の作為又は不作為を求められている事業者等又は特定個人各種の行政指導の類型ごとに、それぞれ次に掲げる間、利害関係者となる。

　職員の携わる行政指導を受けたときから、その相手方は当該職員の利害関係者となり、

　ア　その場において完了する行政指導の場合にあっては、相手方が行政指導に従った時又は行政指導をやめた時

　イ　一定期間効力を有する行政指導（例：3年間○○を○%削減するように求めるようなもの）の場合にあっては、行政指導をやめた時又は行政指導が効力を有する期間が満了した時

　ウ　終期の定めのない行政指導（例：○○の年間排出量を以後○%削減するよう求めるようなもの）の場合にあっては、行政指導をやめた時

　エ　行政指導に従う期限を設定した行政指導（例：○月○日までに○○を実施するよう求めるようなもの）の場合にあっては、行政指導に従った時、行政指導で実施を求めた期限が到来した時又は行政指導をやめた時

に利害関係者ではなくなることになる。

⑹　内閣府又は各省が所掌する事業の発達、改善及び調整に関する事務（第6号）

　①　考え方

　内閣府又は各省が所掌する事業の発達、改善及び調整とは、営利を目的とする事業を営む者に対し、必要な事業行政を行うことを指している。必要な事業行政は、許認可等、補助金等の交付、行政指導等によって行われていることから、上記の利害関係者の設定により事業行政の対象となる者のほとんどはカバーされているものと考えるが、偶々上記のいずれにも該当しない事業者等がいた場合についても当該事業の発達、改善及び調整に関する事務に該当する事務に携わる職員との間の接触については、その態様によっては公正な職務の執行に対する国民の疑惑や不信を招くおそれがあるものと考えられることから、当該事業者等を利害関係者とし、当該事務に携わる職員が接触することを規制することとしたものである。

　なお、この場合における公正な職務の執行に対する国民の疑惑や不信については、当該事業を行う事業者等と当該事業を所掌する職員という関係にある間においては常に生

じ得るおそれがあることから、当該事業を行う限りにおいては、当該事業者等は利害関係者とし、当該職員が接触することを規制することとしている。

② 利害関係者となる者の範囲

当該事業を行っている事業者等①で述べたように、本号における事業は、営利を目的とするものに限られる。

⑺ 国の支出の原因となる契約若しくは会計法第29条に規定する契約又はこれらの契約に相当する特定独立行政法人の業務に係る契約（第7号）

① 考え方

国の支出の原因となる契約とは、会計法第10条の規定により管理される国の支出の原因となる契約を指しており、会計法第29条に規定する契約とは、同条に規定する売買、賃借、請負その他の契約を指している。

会計法第10条の規定によって管理されるものは、「売買、貸借、請負その他の契約」のうち支出の原因となる契約であり、会計法第29条に規定する契約は、①収入の原因となる財産売払等の契約、②資金前渡官吏の支払の原因となる契約、③支出の原因とも収入の原因ともならないが、歳入歳出外現金の支払又は受入の原因となる契約等である。

このように、ここで対象としている契約は、国との金銭のやりとりの原因となるものであることから、その相手方である事業者等と当該契約に携わる職員との間には利害関係が存在するものと考えられ、両者の接触の態様によっては、公正な職務の執行に対する国民の疑惑や不信を招くおそれがあるものと考えられる。

したがって、契約の申込みをしようとした時から契約に基づく債権債務関係が終了するまでの間は、その相手方となる事業者等を利害関係者とし、当該契約に携わる職員が接触することを規制することとしたものである。

特定独立行政法人の業務に係る契約については、会計法による管理を受けるものではないが、会計法による管理を受ける契約に係る上記の考え方がそのまま当てはまると考えられることから、特定独立行政法人の業務に係る契約の相手方である事業者等と当該契約に携わる職員との間の接触を規制することとしたものである。

なお、事業を行っていない個人との間でこのような契約を締結する場合において、公正な職務の執行に対する国民の疑惑や不信を招くようなケースは一般には想定されないことから、契約に係る利害関係者は事業者等に限定している。

また、「契約に携わる職員」は、必ずしも会計事務担当の職員に限られるものではなく、当該契約の内容を実質的に決定し得る立場にある職員（例えば、原局原課において購入物品等を実質的に決定する職員など）も含まれることとなる。

② 利害関係者となる者の範囲

ア これらの契約を締結している事業者等

イ これらの契約の申込みをしている事業者等

ウ これらの契約の申込みをしようとしていることが明らかである事業者等

⑻ ア 財政法第18条第1項の規定による必要な調整（第8号）

イ 一般職の職員の給与に関する法律第8条第1項の規定による職務の級の定数の設定又は改定（第9号）

ウ 総務省設置法第4条第11号の規定による定員の設置、増減及び廃止に関する審査（第10号）

① 考え方

ア 歳入、歳出、継続費、繰越明許費及び国庫債務負担行為の見積の調整とは、衆議院議長、参議院議長、最高裁長官、会計検査院長、内閣総理大臣、各省大臣が作製した当該見積について、財政法18条の規定に基づき財務大臣が必要な調整を行う

ものであり、この調整の後、財務大臣は歳入、歳出、継続費、繰越明許費及び国庫債務負担行為の概算を作製し閣議決定を経ることとされている。いわゆる予算の査定といわれるものである。

イ　職務の級の定数の設定又は改定とは、一般職の職員の給与に関する法律第8条第1項の規定に基づき人事院が行うものであり、この規定に基づき組織ごと、一般会計及び各特別会計ごとに、俸給表別、職務の級別の職員の定数が定められている。

ウ　定員の設置、増減及び廃止に関する審査とは、総務省設置法第4条第11号の規定に基づき総務省が所掌するものであり、その結果に基づき、行政機関職員定員令により各行政機関の定員が定められている。

これらの権限は、いずれもその対象となる国の機関の予算と密接に関連するものであり、各機関の業務運営に及ぼす影響が極めて大きいことから、それぞれの権限に携わる職員とその相手方となる者との間には利害関係が存在しているものと考えられる。

このような利害関係は、国の機関の間におけるものであり、直接国民全般に影響の及ぶものではないが、予算と密接に関連する利害関係であるため、公正な職務の執行に対する、納税者たる国民の疑惑や不信を招くおそれのないようにする必要があるところ、これらの権限に携わる職員とその相手方となる者との間には上記のような利害関係が存在することから、両者の接触の態様によっては、公正な職務の執行に対する国民の疑惑や不信を招くおそれがあると考えられる。

したがって、これらの権限の相手方を利害関係者とし、これらの権限に携わる職員が接触することを規制することとしたものである。

なお、このような利害関係者との接触については、現に予算要求等の作業が進行している期間のみならず、その他の期間においても、利害関係者が当年度又は次年度において有利な取扱いを受けようとして接触することが想定される等、公正な職務の執行に対する国民の疑惑や不信を招くおそれがあることから、期間を問わず利害関係者とし、当該権限に携わる職員が接触することを規制することとしている。

② 利害関係者となる者の範囲
ア　当該調整を受ける国の機関
イ　当該設定又は改定を受ける国の機関
ウ　当該審査を受ける国の機関

5　第1号、第2号、第7号の「明らかである」の意味について

その事務に携わる職員が、通常人としての判断力をもってすれば認識可能な状態を指す。
例：許認可等をする事務に携わる職員のところへ、許認可等の申請書の記入要領について相談に来ている者がいる場合、当該職員は、その相談に来ている者が申請を行おうとしていることを通常は認識可能であることから、その相談に来ている者は「許認可等の申請をしようとしていることが明らかである」者に該当し、当該職員の利害関係者となる。

（利害関係者）
第2条　1　（略）
2　職員に異動があった場合において、当該異動前の官職に係る当該職員の利害関係者であった者が、異動後引き続き当該官職に係る他の職員の利害関係者であるときは、当該利害関係者であった者は、当該異動の日から起算して3年間（当該期間内に、当該利害関係者であった者が当該官職に係る他の職員の利害関係者でなくなったときは、その日までの間）は、当該異動があった職員の利害関係者であるものとみなす。

1　国家公務員倫理規程においては、職員の現在の官職の職務との関係では利害関係がない

者であっても、当該職員が過去3年間に在職した官職において当該官職から異動した時点において利害関係者であった者についても利害関係者として取り扱うこととしている。

2　これは、そのような過去の利害関係者との間で国家公務員倫理規程で禁止・制限される行為を行うことは、職員が現在その者と利害関係のある官職に就いている後任の職員に影響力を行使することによってその者に有利なように職務の執行の公正さを歪めるのではないかとの国民の疑惑や不信を招くためであり、また、異動後近接した時期に異動前の官職と利害関係があった者から供応接待や贈答品を受領することは、異動前の官職の職務執行の公正さを歪めていたのではないかとの疑惑や不信を招くことを併せ考慮したものである。

3　期間を3年間としたのは、異動後一定期間が経過すると、当該職員が異動前の官職に対して影響力を持っているとは国民から見られなくなると考えられるところであり、その一定期間として、職員の異動ローテーションの期間等を考慮して3年間としたものである。

（利害関係者）
第2条　1、2（略）
3　他の職員の利害関係者が、職員をしてその官職に基づく影響力を当該他の職員に行使させることにより自己の利益を図るためその職員と接触していることが明らかな場合においては、当該他の職員の利害関係者は、その職員の利害関係者でもあるものとみなす。

「その官職に基づく影響力」とは、例えば人事課長が当該官庁の職員に対して有する影響力、予算等の査定を担当する職員が当該査定を受ける他の職員に対して有する影響力などが該当する。

「官職」に基づく影響力であるから、学校の先輩の関係による影響力などは該当しない。

3　禁止行為

（禁止行為）
第3条　職員は、次に掲げる行為を行ってはならない。
一　利害関係者から金銭、物品又は不動産の贈与（せん別、祝儀、香典又は供花その他これらに類するものとしてされるものを含む。）を受けること。
二　利害関係者から金銭の貸付け（業として行われる金銭の貸付けにあっては、無利子のもの又は利子の利率が著しく低いものに限る。）を受けること。
三　利害関係者から又は利害関係者の負担により、無償で物品又は不動産の貸付けを受けること。
四　利害関係者から又は利害関係者の負担により、無償で役務の提供を受けること。
五　利害関係者から未公開株式（金融商品取引法（昭和23年法律第25号）第2条第16項に規定する金融商品取引所に上場されておらず、かつ、同法第67条の11第1項の店頭売買有価証券登録原簿に登録されていない株式をいう。）を譲り受けること。
六　利害関係者から供応接待を受けること。
七　利害関係者と共に遊技又はゴルフをすること。
八　利害関係者と共に旅行（公務のための旅行を除く。）をすること。
九　利害関係者をして、第三者に対し前各号に掲げる行為をさせること。

---

1 第1号

利害関係者から金銭、物品又は不動産の贈与を受けること。

⑴ 香典について

職員の親族の葬式に際し、香典を持参した者が職員の利害関係者である場合においては、他の親族との関係で香典を持参したものと考えられる場合を除き、職員が喪主であるか否かにかかわらず、職員あての贈与が利害関係者からなされたものとして取り扱うこととなる。

なお、葬式の際に受付の者が職員の利害関係者に該当するかどうかを判断することは困難であるため、利害関係者からの香典を受け取った場合については、葬式終了後、香典が誰に帰属しているかが判明した後に速やかに利害関係者に返却すれば、金銭の贈与を受けたことには該当しないものとして取り扱う。

⑵ 供花について

利害関係者からの物品の贈与は禁止されているため、供花が届けられたときも、受領せずに持ち帰ってもらうとの対応をとることが原則となる。

職員の家族が知らずに受け取ってしまい、受領の事実に気づくのが遅れ式場に供花が飾られてしまった場合については、当該供花に付された送り主の札を外すことで対応する。葬式が終了するまでに職員が当該供花の受領を認識しなかった場合は、受領したことにならない。

⑶ 結婚式の祝儀について

結婚披露宴において、職員にとって利害関係者に該当する配偶者の招待客から祝儀を受け取ることは、通常の社交儀礼の範囲内の祝儀であれば、職員が金銭の贈与を受けたことにはならない。

2 第2号

利害関係者から金銭の貸付けを受けること。通常一般の利子を払っても許されない。

「業として行われる」ものとは、反復継続して行われるものを意味し、銀行業、信託業、貸金業、質屋業等を行っている者が行う貸付けがこれに該当する。

業として行われる金銭の貸付けにあっては、無利子のもの又は利子の利率が著しく低いものに限り禁止される。

3 第3号

利害関係者から又は利害関係者の負担により、無償で物品又は不動産の貸付けを受けること。

「利害関係者から」貸付けを受けることとは、利害関係者から直接物品又は不動産の提供を受ける場合であり、「利害関係者の負担により」とは第三者から物品又は不動産の提供を受け、その貸付けの対価を利害関係者が負担する場合（レンタカーの代金を利害関係者が負担する場合など）である。

対価を支払って貸付けを受ける場合でも、その対価が時価よりも著しく低いときは、第3条第3項の規定により、当該対価と当該時価との差額に相当する額の金銭の贈与を受けたものとみなされ、第1号の違反となる。

4 第4号

利害関係者から又は利害関係者の負担により、無償で役務の提供を受けること。

「役務の提供」を受けるとは、正当な理由なくサービスを受けることをいい、ハイヤーによる送迎の提供を受けることのほか、例えば、物品購入契約の相手方である事業者に虚偽の見積書及び請求書を作成してもらうことや、委託契約の相手方である事業者の従業員に国の業務を手伝ってもらうことなども該当し得る。

「利害関係者から」及び「利害関係者の負担により」の意は、第3号と同じである。

5 第5号

利害関係者から未公開株式を譲り受けること。

「未公開株式」とは、「金融商品取引法第2条第16項に規定する金融商品取引所に上場されておらず、かつ、同法第67条の11第1項の店頭売買有価証券登録原簿に登録されていない株式」と定義されている。

利害関係者からの未公開株式の譲り受けは、無償の場合に限らず、有償の場合でも禁止される。

未公開株式は、一般に公開されておらず、値上がりが期待されるなど、その譲渡は、利害関係者と当該職員との間に、特別な関係が存在するものと外部からみなされ、当該職員の職務の執行の公正さに対する疑惑や不信を招く行為であるため、禁止されている。

6 第6号

利害関係者から供応接待を受けること。

「供応接待」とは、供応（酒食を提供してもてなすこと）と接待（客をもてなすこと）の両者を包括するものとして用いており、供応については、単なる飲食物の提供ではなく、一定の席を設けて飲食物を提供する行為がこれに該当し、接待については、他人をもてなすことを目的として行われる行為全般（温泉地等への旅行、ゴルフ等のスポーツ、映画・演劇の鑑賞への招待）がこれに該当する。

7 第7号

利害関係者と共に遊技又はゴルフをすること。職員が自己の費用を負担するか否かを問わず禁止対象となっている。利害関係者が職員の費用を負担した場合は第6号の供応接待にも該当する。ゴルフ以外のスポーツ、例えば、テニス、野球などは禁止されない。

※「遊技」の範囲について

ここでいう「遊技」には次のようなものが該当する。

・麻雀

・ポーカー

8 第8号

利害関係者と共に旅行をすること。

職員が自己の費用を負担するか否かを問わず禁止対象となっている。利害関係者が職員の費用を負担した場合は第6号の供応接待にも該当する。

公務のための旅行が禁止対象から除外されているのは、職務遂行上、利害関係者と共に旅行することが必要となる場合もあるからである。

※遊技又はゴルフ及び旅行における「利害関係者『と共に』」の意

「利害関係者と共に遊技又はゴルフをすること」及び「利害関係者と共に旅行（公務のための旅行を除く。）をすること」の「利害関係者と共に」とは、職員と利害関係者とが当該行為を行う意図を共有して行うことを意味する。

典型的な形態としては、当該職員が当該利害関係者と相謀ってゴルフ等を行うことがこれに該当するが、職員及び利害関係者以外の第三者が幹事役を務めてゴルフ等を行う場合において、当該職員と当該利害関係者とがお互いが出席することをはっきり認識した上で更にその者と一緒にゴルフ等を行う意図を持って行う場合も含まれる。

他方、職員がパック旅行に参加する場合で、その旅行グループの中に利害関係者に該当する者も含まれていることを、パック旅行の集合の際に当該職員と当該利害関係者とが認識したような場合は、職員と利害関係者とが旅行をする意図を共有して行う行為とはいえないので、これには該当しない。

9 第9号

利害関係者をして、第三者に対し前各号に掲げる行為をさせること。職員が利害関係者

に働き掛け、職員本人にではなく第三者に第1号から第8号に規定する行為をさせること
は禁止される。

　例えば、利害関係者である業者に要求して、自分の親族が経営する会社を下請けで使わ
せたりすることなどがこれに該当する。

　「第三者」とは、職員本人及び利害関係者以外の者をいい、自然人、法人を問わない。

　なお、職員本人であれば、第3条第2項の規定により、宣伝用物品の贈与を受ける等一
定の行為は例外として禁止行為から除外されているが、本号の規制については、利害関係
者に「要求」するという反倫理性の強さにかんがみ、このような例外は認められていない。
同様の理由により、私的な関係がある者との行為の例外（第4条第1項）についても認め
られていない。

　第3条第3項の物品購入等の対価が時価よりも著しく低い場合に当該差額を贈与とみな
す規定については、本号の規制についても同様に適用される。

（禁止行為）
第3条　1　（略）
2　前項の規定にかかわらず、職員は、次に掲げる行為を行うことができる。
　一　利害関係者から宣伝用物品又は記念品であって広く一般に配布するためのもの
　　　の贈与を受けること。
　二　多数の者が出席する立食パーティー（飲食物が提供される会合であって立食形
　　　式で行われるものをいう。以下同じ。）において、利害関係者から記念品の贈与
　　　を受けること。
　三　職務として利害関係者を訪問した際に、当該利害関係者から提供される物品を
　　　使用すること。
　四　職務として利害関係者を訪問した際に、当該利害関係者から提供される自動車
　　　（当該利害関係者がその業務等において日常的に利用しているものに限る。）を利
　　　用すること（当該利害関係者の事務所等の周囲の交通事情その他の事情から当該
　　　自動車の利用が相当と認められる場合に限る。）。
　五　職務として出席した会議その他の会合において、利害関係者から茶菓の提供を
　　　受けること。
　六　多数の者が出席する立食パーティーにおいて、利害関係者から飲食物の提供を
　　　受けること。
　七　職務として出席した会議において、利害関係者から簡素な飲食物の提供を受け
　　　ること。

　第1項の規定にかかわらず禁止行為から除外される行為である。

1　第1号
　利害関係者から宣伝用物品又は記念品であって広く一般に配布するためのものの贈与を受
けること。宣伝用物品又は記念品であって広く一般に配布するためのものについては、広く
一般に配布されるが故に、それを贈与されたとしても利害関係者との間で特別の関係がある
と見られて国民に公正な職務の執行に対する疑惑や不信を持たれるおそれが乏しい。

2　第2号
　多数の者が出席する立食パーティーにおいて、利害関係者から記念品の贈与を受けること。
　「立食パーティー」とは、「飲食物が提供される会合であって立食形式で行われるものを
いう。」と定義されている。立食形式で行われるものであればよく、部屋の端に椅子が置
かれていても構わない。

多数の者が出席する立食パーティーにおいて多数の出席者から見られている中で記念品を受け取ったりすることは、国民に公正な職務の執行に対する疑惑や不信を持たれるおそれが乏しい。

「多数」とは、一般には20人程度以上が集まるものがこれに当たると考えられる。

3 第3号

職務として利害関係者を訪問した際に、当該利害関係者から提供される物品を使用すること。職務を円滑に遂行する上で必要であり、かつ、軽微又は問題のないと認められる程度の便宜の供与である。

ここで認められる物品としては、文房具などの事務用物品、電話又はファックスの借用、ヘルメットや防護服の借用などが挙げられる。

4 第4号

職務として利害関係者を訪問した際に、当該利害関係者から提供される自動車を利用すること。

職務として利害関係者の事務所や現場などを訪問する際に、利害関係者の自動車を利用することである。職務を円滑に遂行する上で必要であり、問題がないと認められる程度の便宜の供与である。提供される自動車は、当該利害関係者が業務・通勤等に日常的に利用しているものに限られ、当該職員のために特に用立てたハイヤーなどはここでは認められない。

利用が認められるのは、他に公共交通機関がなく利害関係者の自動車を利用するしかないような場合のほか、限られた時間で用務を遂行するために、自動車での移動が合理的な場合も含まれる。

5 第5号

職務として出席した会議その他の会合において、利害関係者から茶菓の提供を受けること。茶菓の提供は社会通念として認められる軽微な接遇であり、それを受けることによって職務の公正な執行に対する国民の疑惑や不信を招くことは考えられない。

「その他の会合」は、会議又はこれに準じた集まりに限られず、職務として利害関係者に会うような場合も含まれる。

6 第6号

多数の者が出席する立食パーティーにおいて、利害関係者から飲食物の提供を受けること。

「立食パーティー」の意義は第2号におけるものと同じであり、そこで飲食物の提供を受ける行為が公正な職務の執行に対する国民の疑惑や不信を招くとは考えにくい。

「立食パーティー」には、着席して行われるものであっても、座席が指定されておらず、人数もかなり多いような場合にあっては、立食パーティーに準ずる会合も含まれる。

7 第7号

職務として出席した会議において、利害関係者から簡素な飲食物の提供を受けること。職務として出席した会議において供されるものであり、通常の接遇の範囲内の行為であって、それによって公正な職務の執行に対する国民の疑惑や不信を招くおそれはない。

「会議」とは、「○○会議」と名称の付いたものに限定されず、会議に準じた職務上の集まりも含まれる。

「簡素な飲食物」とは、会議室で供される弁当（いわゆる箱弁）が典型的なものである。

なお、「会議において」とは、会議と一体のものであることが必要であり、会議と一体の行事として同じ建物の中で行われる懇談会くらいまでは許容される。

（禁止行為）

第3条 1、2（略）

3 第1項の規定の適用については、職員（同項第9号に掲げる行為にあっては、同

号の第三者。以下この項において同じ。）が、利害関係者から、物品若しくは不動産を購入した場合、物品若しくは不動産の貸付けを受けた場合又は役務の提供を受けた場合において、それらの対価がそれらの行為が行われた時における時価よりも著しく低いときは、当該職員は、当該利害関係者から、当該対価と当該時価との差額に相当する額の金銭の贈与を受けたものとみなす。

　利害関係者から、物品等を購入し、物品等の貸付けを受け、役務の提供を受ける際に、それらのために支払う対価が購入等の時点の時価よりも著しく低いときは差額を金銭の贈与とみなすこととするものである（贈与とみなすことにより、第3条第1項第1号の金銭の贈与の禁止規定違反となる。）。

4　禁止行為の例外

（禁止行為の例外）
第4条　職員は、私的な関係（職員としての身分にかかわらない関係をいう。以下同じ。）がある者であって、利害関係者に該当するものとの間においては、職務上の利害関係の状況、私的な関係の経緯及び現在の状況並びにその行おうとする行為の態様等にかんがみ、公正な職務の執行に対する国民の疑惑や不信を招くおそれがないと認められる場合に限り、前条第1項の規定にかかわらず、同項各号（第9号を除く。）に掲げる行為を行うことができる。
2　職員は、前項の公正な職務の執行に対する国民の疑惑や不信を招くおそれがないかどうかを判断することができない場合においては、倫理監督官（法第39条第1項の倫理監督官をいう。以下同じ。）に相談し、その指示に従うものとする。

1　親族関係や学生時代の友人等職員となる前からの関係がある者や地域活動を通じて知り合った者等職員としての身分にかかわらない関係がある者については、職員の職務と利害関係を有する者となったとしても、引き続きそのような私的な関係に基づいた付き合いを行うことはあり得るところであり、このような付き合いを利害関係者との間の行為であるとして一切禁止することは、職員の個人的活動に対する過度の侵害となる。そこで、そのような私的な関係に基づく付き合いと評価できるものであり、公正な職務の執行に対する国民の疑惑や不信を招くおそれのないものについては、第3条第1項の禁止を解除するものである。
2　私的な関係がある者との間で規制の対象とされている行為を行おうとする場合に考慮する事項は、具体的にいえば次のとおりである。
　①　「その者との間における職務上の利害関係の状況」とは、例えば、職員が担当する業法の免許申請を行っているときのように利害関係の強い状況にあるか、あるいは、職員がその属する省の所掌する事務のうち事業の発達、改善及び調整に関する事務に携わっている場合で当該事業を行う事業者等との間において具体的な案件が生じていないときのように利害関係の弱い状況にあるかを考慮することをいう。
　②　「私的な関係の経緯及び現在の状況」とは、例えば、学生時代から親しく付き合いを続けているような親しい間柄か、あるいは十数年間会っていないような疎遠な間柄かを考慮することをいう。
　③　「両者の間において行おうとする行為の態様」とは、例えば、高額の祝儀の提供か、あるいは安価な果物等のおすそ分けかを考慮することをいう。
3　国家公務員倫理規程第4条第1項においては、「私的な関係」を「職員としての身分に

かかわらない関係をいう。」と定義している。

　したがって、職員として知り合い職員として付き合っている場合には私的な関係には該当しない。職場での上司や同僚との関係や職務上のカウンターパートなどとの関係は「私的な関係」には該当しない。また、職場のOBとの関係も「私的な関係」には当たらない。他方、職場の上司に仲人を頼んだ場合における仲人とそれを依頼した者としての関係については、「私的な関係」に該当することもあり得るものと考えられる。また、職員として知り合ってその後恋人となった関係も、私的な関係に該当する。

4　なお、規制の対象とされている行為を行うことについて、そのようなおそれがないかどうか自ら判断できない場合には、倫理監督官に相談し、その指示に従うものとすることとしている。

（禁止行為の例外）

第4条　1、2（略）

3　第1項の「職員としての身分」には、職員が、任命権者の要請に応じ特別職国家公務員等（国家公務員法（昭和22年法律第120号）第82条第2項に規定する特別職国家公務員等をいう。以下同じ。）となるため退職し、引き続き特別職国家公務員等として在職した後、引き続いて当該退職を前提として職員として採用された場合（一の特別職国家公務員等として在職した後、引き続き一以上の特別職国家公務員等として在職し、引き続いて当該退職を前提として職員として採用された場合を含む。）における特別職国家公務員等としての身分を含むものとする。

　人事交流等による当該特別職国家公務員等としての身分にかかわる関係については、職員（一般職国家公務員）としての身分にかかわる関係ではないが、任命権者の要請に応じ人事ローテーションの一環として辞職出向した時の出向先機関の身分にかかわる関係である。このような関係がある者は、その相手方も国からの出向者であることを認識していると考えられることから、職員としての身分にかかわる関係がある者と同様に取り扱うことが適当である。

　したがって、人事交流等による特別職国家公務員等としての身分は職員としての身分と同様に取り扱うことを明らかにするための規定を第4条第3項に置くこととしたものである。

5　利害関係者以外の者等との間における禁止行為

（利害関係者以外の者等との間における禁止行為）

第5条　職員は、利害関係者に該当しない事業者等であっても、その者から供応接待を繰り返し受ける等社会通念上相当と認められる程度を超えて供応接待又は財産上の利益の供与を受けてはならない。

2　職員は、自己が行った物品若しくは不動産の購入若しくは借受け又は役務の受領の対価を、その者が利害関係者であるかどうかにかかわらず、それらの行為が行われた場に居合わせなかった事業者等にその者の負担として支払わせてはならない。

1　国家公務員倫理規程第5条第1項においては、利害関係者以外の事業者等であっても、その者から供応接待を繰り返し受ける等社会通念上相当と認められる程度を超えて供応接待又は財産上の利益の供与を受けることを禁止している。

　これは、たとえ職務上の利害関係がない事業者等であっても、私的な関係もないような者から供応接待を繰り返し受けたり、高額な贈与を受けるような場合等、社会通念上

相当と認められる程度を超えた供応接待や財産上の利益の供与を受ける場合には、そのような供応接待を行う側は職員からの何らかの見返りを期待してそのような行為を行っていることがありがちであることなど、公正な職務の執行に対する国民の疑惑や不信を招くおそれがあることから、その者との関係からみて社会通念上相当と認められる程度を超えた供応接待や財産上の利益の供与を受けることを禁止するものである。

なお、「社会通念上相当と認められる程度」とは供応接待等を行う相手との関係を含めた各般の事情を考慮して判断すべきものであり、一般的には、例えばその相手が親族である場合には許容範囲は広くなり、その相手が仕事を通じて知り合ったような者である場合にはその許容範囲は狭くなるものと考えられる。

2 第5条第2項においては、いわゆるつけ回しを行うことを、その対価を負担する事業者等が利害関係者であるかどうかにかかわらず、禁止することとしている。

これは、飲食等が行われた場に居合わせない者に対し、本人の知らないままに当該代金をその者の負担として支払わせる行為は、職員としての権限を背景として行われる場合が多く、許容される場合の想定しがたい悪質な行為であるとの考えに基づくものである。

本条の規定は「事業者等」との間の行為を規制するものであり、「事業者等」ではない全くの個人との間の行為は、本条の規制の対象とはならない。

6 特定の書籍等の監修等に対する報酬の受領の禁止

（特定の書籍等の監修等に対する報酬の受領の禁止）

第6条 職員は、次に掲げる書籍等（書籍、雑誌等の印刷物又は電子的方式、磁気的方式その他人の知覚によっては認識することができない方式により文字、図形、音、映像若しくは電子計算機に用いるプログラムを記録した物をいう。以下同じ。）の監修又は編さんに対する報酬を受けてはならない。

一 補助金等又は国が直接支出する費用（特定独立行政法人の職員にあっては、その属する特定独立行政法人が支出する給付金（補助金等に係る予算の執行の適正化に関する法律の規定が準用されるものに限る。以下同じ。）又は直接支出する費用）をもって作成される書籍等（国の機関（内閣官房、内閣法制局、人事院、内閣府本府、宮内庁、公正取引委員会、警察庁、金融庁、消費者庁、各省及び会計検査院をいう。以下この項及び次条第1項において同じ。）の職員にあってはその属する国の機関が所管する特定独立行政法人が支出する給付金又は直接支出する費用をもって作成される書籍等を、特定独立行政法人の職員にあっては当該特定独立行政法人を所管する国の機関が支出する補助金等若しくは直接支出する費用又は当該国の機関が所管する当該特定独立行政法人以外の特定独立行政法人が支出する給付金若しくは直接支出する費用をもって作成される書籍等を含む。）

二 作成数の過半数を当該職員の属する国の機関又は特定独立行政法人において買い入れる書籍等（国の機関の職員にあってはその属する国の機関及び当該国の機関が所管する特定独立行政法人において買い入れる数の合計数が作成数の過半数になる書籍等を、特定独立行政法人の職員にあっては当該特定独立行政法人を所管する国の機関及び当該国の機関が所管する特定独立行政法人において買い入れる数の合計数が作成数の過半数になる書籍等を含む。）

2 前項の規定の適用については、独立行政法人国立公文書館は内閣府本府が所管するものとみなす。

1　国家公務員倫理規程第6条では、補助金等又は国が直接支出する費用等をもって作成される書籍等及び作成数の過半数を当該職員の属する国の機関等において買い入れる書籍等の監修料及び編さん料の受領を禁止している。

国の経費や補助金により作成される書籍等や国が大量購入する書籍等に係る監修等については、本来、職務として行われるべきものであることから、このような特定の書籍等に係る監修料等の受領を禁止するものである。（以下略）

7　職員の職務に係る倫理の保持を阻害する行為等の禁止

（職員の職務に係る倫理の保持を阻害する行為等の禁止）

第7条　職員は、その属する国の機関又は特定独立行政法人の他の職員の第3条又は前2条の規定に違反する行為によって当該他の職員（第3条第1項第9号の規定に違反する行為にあっては、同号の第三者）が得た財産上の利益であることを知りながら、当該利益の全部若しくは一部を受け取り、又は享受してはならない。

2　職員は、国家公務員倫理審査会、任命権者、倫理監督官その他当該職員の属する行政機関等（法第39条第1項に規定する行政機関等をいう。以下同じ。）において職員の職務に係る倫理の保持に責務を有する者又は上司に対して、自己若しくは自己の属する行政機関等の他の職員が法若しくは法に基づく命令（訓令及び規則を含む。以下同じ。）に違反する行為を行った疑いがあると思料するに足りる事実について、虚偽の申述を行い、又はこれを隠ぺいしてはならない。

3　法第2条第3項に規定する指定職以上の職員並びに一般職の職員の給与に関する法律第19条の3第1項の規定による管理職員特別勤務手当を支給される職員であって同法第10条の2第1項の規定による俸給の特別調整額を支給されるもの及びその職務と責任がこれに相当する職員として倫理監督官が定めるものは、その管理し、又は監督する職員が法又は法に基づく命令に違反する行為を行った疑いがあると思料するに足りる事実があるときは、これを黙認してはならない。

国家公務員倫理規程第7条では、他の職員が倫理規程に違反する行為によって得た財産上の利益であることを知りながら、これを受け取って費消するなど、違反行為を組織的に助長させるような行為や、倫理法令の違反行為について、職員が虚偽の報告や、隠ぺいを行ったり、管理者が黙認するなど真相の解明を妨害するような行為を禁止している。

いわゆる組織ぐるみで違反行為が拡大し、重大化するというような事案の発生を踏まえ、倫理規程の上でも、これを適切に抑止し得るような措置を講ずる必要があることから、職員の職務に係る倫理の保持を阻害する行為等を禁止するものである。

1　第1項

自らが属する国の機関又は特定独立行政法人の他の職員が倫理規程違反の行為によって得た財産上の利益であることを知りながら、これを受け取り、又は享受すること。

「国の機関」の範囲は、第6条第1項と同じであり、外局は本省に含まれることになる。したがって、例えば、外局職員が違反行為によって得た財産上の利益であることを知りながら、本省職員がこれを受け取った場合、当該本省職員は本項に違反することとなる。

「知りながら」とは、周囲の状況から通常の注意力、判断力をもってすれば知り得る状況にあることをいう。

「受け取り」には、必ずしも自己の所有とはせず、預かり管理することも含まれる。

2　第2項

国家公務員倫理審査会、任命権者、倫理監督官、上司等に対して、倫理法令違反行為を

行った疑いがあると思料するに足りる事実について、虚偽の申述を行うこと、又は隠ぺいすること。

「職員の職務に係る倫理の保持に責務を有する者」とは、人事担当課等において倫理事務を担当する者を指す。また、「上司」とは、当該職員の職務上の上級者として指揮監督権限を与えられた者をいう（直属の上司に限らず、いわゆるライン上の上司をすべて含む。）。

「疑いがある」とは、内外からの情報提供、マスコミ報道等により得た情報に、倫理法令違反の可能性を否定できないような内容が含まれている場合をいう。

「虚偽の申述」には、職員が倫理監督官等から報告を求められた場合に事実に反する申述を行うことのほか、職員が自発的に倫理監督官等に対して事実に反する申述を行うことも含まれる。

3　第3項

管理者が、部下職員が倫理法令違反行為を行った疑いがあると思料するに足りる事実を黙認すること。

「黙認」とは、何らの対応もとらないことをいう。したがって、例えば、自ら当該職員を指導した場合、倫理監督官に投書した場合は、「黙認」には当たらない。

「その職務と責任がこれに相当する職員」とは、一般職の職員の給与に関する法律の規定による俸給の特別調整額の支給を受けない職員（例えば、国有林野事業職員、特定独立行政法人の職員など）のうち、職務と責任が俸給の特別調整額の支給を受ける職員に相当する職員を想定している。

「その管理し、監督する職員」とは、課長など組織の長にあっては、当該組織の構成員全員（課長であれば、課員全員）とし、参事官、企画官などスタッフ職にあっては、職務実態として自らが管理し、監督している職員とする。

8　利害関係者と共に飲食をする場合の届出

（利害関係者と共に飲食をする場合の届出）

第8条　職員は、自己の飲食に要する費用について利害関係者の負担によらないで利害関係者と共に飲食をする場合において、自己の飲食に要する費用が1万円を超えるときは、次に掲げる場合を除き、あらかじめ、倫理監督官が定める事項を倫理監督官に届け出なければならない。ただし、やむを得ない事情によりあらかじめ届け出ることができなかったときは、事後において速やかに当該事項を届け出なければならない。

一　多数の者が出席する立食パーティーにおいて、利害関係者と共に飲食をするとき。

二　私的な関係がある利害関係者と共に飲食をする場合であって、自己の飲食に要する費用について自己又は自己と私的な関係がある者であって利害関係者に該当しないものが負担するとき。

1　自己の飲食に要する費用について利害関係者の負担によらないで利害関係者と共に飲食をする場合において、自己の飲食に要する費用が1万円を超えるときは、倫理監督官へ届け出なければならない。

2　平成17年4月の改正前の倫理規程では、利害関係者と共に飲食することは原則禁止としつつ、自己の費用を負担する飲食については、朝又は昼に行うものは自由とする一方、夜間に行われるものは、職務として出席した会議その他打合せのための会合の際における簡素な飲食以外の飲食については、倫理監督官の許可を必要としていた。また、利害関係者以外の第三者が費用を負担する飲食については、利害関係者が同席していると、そのような場において飲食することはできないこととなっていた。

しかし、このような規制については、

ア　自己の費用を負担する場合であっても、夜間に開催される場合には、会合の趣旨、費用等の条件を考慮しなければならず、公務員が職務を的確に遂行するために必要な民間等との間における情報収集や意見交換等を行うことをためらわせる要因の一つとなっているとの指摘があること

イ　利害関係者以外の第三者が費用を負担するものには、外国政府主催の夕食会など公的・儀礼的な会合も多く、そのほとんどが国民の疑惑や不信を招くようなものではないことから、利害関係者と共に飲食をする場合であっても個別に運用で認めてきていること

ウ　利害関係者以外の第三者が利害関係者の利益のために供応接待等を行う場合や、過剰な接待を行う場合については他の規定で規制されることなどの事情が考えられるところであった。

　　このような事情を踏まえつつ、倫理法・倫理規程の施行後、情報公開法の施行等により行政の透明性が図られつつあること、民間企業においても倫理の重要性が認識されてきたこと、大部分の職員の意識も変わってきたことなどの状況の変化が見られることも考慮すると、利害関係者との飲食に係る規制基準を分かりやすいものとすることによって、職員が萎縮することなく、民間等との間において職務遂行のために必要な情報収集や意見交換等を行いやすくするとともに、それまでの運用実態を反映した規制にする必要があると判断したものである。

　　この結果、自己の飲食に要する費用を自ら負担する場合又は利害関係者以外の第三者が負担する場合には、利害関係者と共に飲食することをできるようにした上で、1万円を超えるような高額の飲食については、その形態によっては、接待を受けているのではないかと誤解される可能性も否定できないことから、原則として事前に届出をさせることにより倫理監督官に対して当該飲食の事実を明らかにし、職員の行動に係る透明性を確保すること等を目的とする届出制度を措置することとしたものである。

3　多数の者が出席する立食パーティーにおける飲食については、倫理規程上、利害関係者から飲食物の提供を受けることが、金額にかかわらず自由となっていることから（第3条第2項第6号）、これとの均衡を考慮して、届出の対象から除外している。同様に、私的な関係がある利害関係者との飲食についても、倫理規程上、飲食物の提供を受ける場合であっても、職務上の利害関係の状況、私的な関係の経緯及び現在の状況並びにその行おうとする行為の態様等にかんがみ、公正な職務の執行に対する国民の疑惑や不信を招くおそれがないと認められる場合には、金額にかかわらず自由となっていること（第4条第1項）にかんがみ、当該飲食のうち、「国民の疑惑や不信を招くおそれがない」と認めることができる以下のケースについては、届出の対象から除外している。

①　職員が自己の飲食に要する費用を負担する場合

②　私的な関係がある者であって利害関係者に該当しないものが、職員の飲食に要する費用を負担する場合

4　「やむを得ない事情」とは、職員本人の責めに帰すことができないような事情であるが、例えば、以下のような場合が考えられる。

・1万円を超えない見込みであったが、実際には超えた場合

・利害関係者はいない見込みであったが、実際には利害関係者がいた場合

9　講演等に関する規制

（講演等に関する規制）

第9条　職員は、利害関係者からの依頼に応じて報酬を受けて、講演、討論、講習若しくは研修における指導若しくは知識の教授、著述、監修、編さん又はラジオ放送

> 若しくはテレビジョン放送の放送番組への出演（国家公務員法第104条の許可を
> 得てするものを除く。以下「講演等」という。）をしようとする場合は、あらかじ
> め倫理監督官の承認を得なければならない。
> 2　倫理監督官は、利害関係者から受ける前項の報酬に関し、職員の職務の種類又は
> 内容に応じて、職員に参考となるべき基準を定めるものとする。

1　第9条第1項では、利害関係者からの依頼に応じて報酬を受けて講演等をしようとす
る場合には、あらかじめ倫理監督官の承認を得なければならないこととしている。講演
等に対する報酬は、一方的な利益提供ではなく人的役務に対する報酬であるとはいえ、
利害関係者からの金銭の受取りであるため、講演等の内容に見合わない高額の報酬など、
それが不適切な形で行われた場合には、公正な職務の執行に対する国民の疑惑や不信を
招くおそれが強い。このため、当該報酬が職員の提供する人的役務に対する報酬として
適切なものであるかどうかを確認するとともに、利害関係者の依頼に応じて職員が当該
人的役務を提供することが公正な職務の執行に対する国民の疑惑や不信を招くおそれが
ないものであるかどうかを確認することを目的として、このような仕組みをとることと
したものである。

　したがって、倫理監督官が承認を与える場合には、制度の趣旨を踏まえ、第2項に規
定する基準に合致しているかどうかを、厳格に審査する必要がある。

　なお、この承認については、第4条の私的な関係がある者との間で行う行為について
の例外の規定は適用されないが、私的な関係がある者からの依頼に基づく講演等である
場合については、その要素は倫理監督官が承認の可否を判断する際に考慮されることと
なる。

2　（以下略）

10　倫理監督官への相談

> （倫理監督官への相談）
> **第10条**　職員は、自らが行う行為の相手方が利害関係者に該当するかどうかを判断
> することができない場合又は利害関係者との間で行う行為が第3条第1項各号に掲
> げる行為に該当するかどうかを判断することができない場合には、倫理監督官に相
> 談するものとする。

　国家公務員倫理規程第10条において、自らが行う行為の相手方が利害関係者に該当す
るかどうかを判断することができない場合又は利害関係者との間で行う行為が規制行為に
該当するかどうかを判断することができない場合には、倫理監督官に相談するものとして
いる。

　実際に個々の職員が規程に沿って行動しようとする際に自ら判断することが難しい場合
もあり得る。そのような場合に職員個々の判断に委ねることは、公正な職務の執行に対す
る国民の疑惑や不信を招くことにつながるおそれがあるとともに、相談することとされて
いる事項は、その適用を誤ると職員が懲戒処分を受ける可能性のあるものであることから、
その属する行政機関等の職員の職務に係る倫理の保持に関し必要な指導及び助言を行うこ
ととされている倫理監督官に相談することとしたものである。

　なお、倫理監督官は、職員からの相談に応じ、必要な指導及び助言を行う責務を有して
いる。（第15条第1項第1号）

11 贈与等の報告

（贈与等の報告）

第11条 法第6条第1項の国家公務員倫理規程で定める報酬は、次の各号のいずれかに該当する報酬とする。

一 利害関係者に該当する事業者等から支払を受けた講演等の報酬

二 利害関係者に該当しない事業者等から支払を受けた講演等の報酬のうち、職員の現在又は過去の職務に関係する事項に関する講演等の報酬

2 法第6条第1項第4号の国家公務員倫理規程で定める事項は、次に掲げる事項とする。

一 贈与等（法第6条第1項に規定する贈与等をいう。以下同じ。）の内容又は報酬（同項に規定する報酬をいう。以下同じ。）の内容

二 贈与等をし、又は報酬の支払をした事業者等と当該贈与等又は当該報酬の支払を受けた職員の職務との関係及び当該事業者等と当該職員が属する行政機関等との関係

三 法第6条第1項第1号の価額として推計した額を記載している場合にあっては、その推計の根拠

四 供応接待を受けた場合にあっては、当該供応接待を受けた場所の名称及び住所並びに当該供応接待の場に居合わせた者の人数及び職業（多数の者が居合わせた立食パーティー等の場において受けた供応接待にあっては、当該供応接待の場に居合わせた者の概数）

五 法第2条第6項の規定の適用を受ける同項の役員、従業員、代理人その他の者（以下「役員等」という。）が贈与等をした場合にあっては、当該役員等の役職又は地位及び氏名（当該役員等が複数であるときは、当該役員等を代表する者の役職又は地位及び氏名）

（報告書等の送付期限）

第12条 法第6条第2項、第7条第2項又は第8条第3項の規定による送付は、それぞれの提出期限の翌日から起算して30日以内にしなければならない。

（贈与等報告書の閲覧）

第13条 法第9条第2項に規定する贈与等報告書（法第6条第1項に規定する贈与等報告書をいう。以下同じ。）の閲覧（以下「贈与等報告書の閲覧」という。）は、当該贈与等報告書の提出期限の翌日から起算して60日を経過した日の翌日以後これをすることができる。

2 贈与等報告書の閲覧は、各省各庁の長等（法第6条第1項に規定する各省各庁の長等をいう。以下同じ。）又は法第9条第2項の規定によりその委任を受けた者が指定する場所でこれをしなければならない。

3 前2項に規定するもののほか、贈与等報告書の閲覧に関し必要な事項は、国家公務員倫理審査会の同意を得て、各省各庁の長等が定めるものとする。

4 法第9条第2項ただし書の規定による国家公務員倫理審査会の認定の申請は、各省各庁の長等又は同項の規定によりその委任を受けた者が、書面でこれをしなければならない。

1 第11条から第13条は、倫理法の委任等を受けて、「贈与等の報告が必要な報酬」、「報告書等の送付期限」及び「贈与等報告書の閲覧」に関し、その細目を定めるものである。

2 （略）

12　各省各庁の長等の責務

（各省各庁の長等の責務）

第14条　各省各庁の長等は、法又はこの政令に定める事項の実施に関し、次に掲げる責務を有する。

一　法第5条第3項又は第4項の規定に基づき、必要に応じて、訓令又は規則を制定すること。

二　贈与等報告書、法第7条第1項に規定する株取引等報告書及び法第8条第3項に規定する所得等報告書等（以下「報告書等」という。）の受理、審査及び保存、報告書等の写しの国家公務員倫理審査会への送付並びに贈与等報告書の閲覧のための体制の整備その他の当該各省各庁又は特定独立行政法人に属する職員の職務に係る倫理の保持のための体制の整備を行うこと。

三　当該各省各庁又は特定独立行政法人に属する職員が法又は法に基づく命令に違反する行為を行った場合には、厳正に対処すること。

四　当該各省各庁又は特定独立行政法人に属する職員が法又は法に基づく命令に違反する行為について倫理監督官その他の適切な機関に通知をしたことを理由として、不利益な取扱いを受けないよう配慮すること。

五　研修その他の施策により、当該各省各庁又は特定独立行政法人に属する職員の倫理感のかん養及び保持に努めること。

1～5（略）

13　倫理監督官の責務等

（倫理監督官の責務等）

第15条　倫理監督官は、法又はこの政令に定める事項の実施に関し、次に掲げる責務を有する。

一　その属する行政機関等の職員からの第4条第2項又は第10条の相談に応じ、必要な指導及び助言を行うこと。

二　その属する行政機関等の職員が特定の者と国民の疑惑や不信を招くような関係を持つことがないかどうかの確認に努め、その結果に基づき、職員の職務に係る倫理の保持に関し、必要な指導及び助言を行うこと。

三　その属する各省各庁の長等を助け、その属する行政機関等の職員の職務に係る倫理の保持のための体制の整備を行うこと。

四　法又は法に基づく命令に違反する行為があった場合にその旨をその属する行政機関等に係る内閣法（昭和22年法律第5号）にいう主任の大臣（中略）に報告すること。

2　倫理監督官は、その属する行政機関等の職員に、法又はこの政令に定めるその職務の一部を行わせることができる。

1～5（略）

倫理規程論点整理（抄）

> 　この論点整理では、
> 　「事業者等」（法第2条第5項）、「利害関係者」（規程第2条）、「贈与」（規程第3条第1項第1号）、「遊技又はゴルフ」（規程第3条第1項第7号）、「旅行」（規程第3条第1項第8号）、「自動車」（規程第3条第2項第4号）、「茶菓」（規程第3条第2項第4号）、「簡素な飲食物」（規程第3条第2項第7号）などについての「論点」が次のように整理されています（「参考事例」は省略）。
> 　なお、8(1)（贈与等の規制対象）で示されているとおり、
> 　「**倫理法・倫理規程の規制の対象とはならないことをもって、直ちに当該行為が社会的に許容されるものではなく、**職員であれば規制されるような行為を組織として行うことについて、組織としての事務所掌・事務遂行面から組織的に受領することの妥当性に照らし、**国民からの信頼確保の観点からその諾否を慎重に検討する必要がある**点には留意が必要」
> となります。

1　倫理法・倫理規程における「事業者等」や「利害関係者」の範囲について

1.「事業者等」とは

　「事業者等」は、「法人その他の団体及び事業を行う個人（当該事業の利益のためにする行為を行う場合に限る。）」（倫理法第2条第5項）とされ、民間事業者のほか、国の行政機関や地方公共団体、外国政府（在日大使館含む。）も事業者等に該当する。また、事業者等の利益のために行為を行う役員、従業員等も「事業者等」とみなす（倫理法第2条第6項）こととされている。

　なお、相手方が「事業者等」に該当するかにより、贈与等報告書の提出の要否、倫理規程の行為規制の取扱いに差異が生じることとなる。

(1)　「事業を行う個人」とは

　「事業を行う個人」に該当するか否かは個別に判断していくものであるが、当該個人が「社会通念上、事業（一定の目的をもって反復継続的に遂行する同種の行為（営利・非営利を問わない））の遂行とみることができる程度の社会的地位を形成していると認められる場合」には、「事業を行う個人」に該当すると考えられる。

　以上を踏まえれば、弁護士や税理士などを含め、個人で事業を行っている者（いわゆる個人事業主）は当然に「事業者等」に含まれるが、次に掲げる活動や属性の個人は以下の考え方を踏まえ個々に判断していくほかない。

(i)　研究活動や行政からの諮問を受ける者

　その職務として研究・教授といった活動を行う者や経験・知見に基づき行政からの諮問等を受ける者の場合、それらの行為は「事業」には当たらないため、そのような活動を行う限りにおいては基本的には「事業者等」には該当しない。しかしながら、当該者が別の職（例：企業経営者など）を有するなどして、それが「事業」に該当し、当該事業の利益のためにする行為を行う場合や、別途の職を有している訳ではないが、行政から委託等された調査や研究などを継続的に行うような場合は、それら行為は「事業」と判断されるため、当該者は「事業者等」とされる。また、所属組織など特定の事業者等の利益のためにする行為を行う場合は、当然に「事業者等」とみなされる。

　(ii)　記者、論説委員などの報道関係者

　記者、論説委員などの報道関係者が、その職務として取材などの活動を行う場合、その行為は「事業」には当たらないため、基本的には「事業者等」には該当しない。しかしながら、行政から委託等され執筆などを継続的に行うような場合は、行政の要請という「一定の目的」もあり「事業」と判断されるため、「事業者等」とされる。また、報道機関の利益のためにする行為を行う場合は、当然に「事業者等」とみなされる。

　(iii)　国・地方議員やその秘書

　国・地方の議員の行為が、議員として活動しているような態様（いわゆる政治活動）である場合、当該行為は「事業」には当たらないため、基本的には「事業者等」には該当しない。一方で、国・地方の議員が別の職（例：企業経営者など）を有しており、それが「事業」に該当し、当該事業の利益のためにする行為を行う場合は、国・地方の議員であっても「事業者等」に該当する。なお、このような国・地方議員の秘書については、議員活動を補佐する役割であるので、議員と同様の考え方で判断することとなる。

　(2)　「事業者の利益のためにする行為」とは

　「事業者の利益のためにする行為」か否かは、必ずしも当事者の内心の意思によってのみ判断されるものではなく、当該行為を外形的・客観的に見て、それが事業者等の利益のために行われたものと認められるか否かにより判断するのが合理的であり、具体的には、①職員と事業者等との職務上の利害関係の状況、②職員と行為者の関係の具体的な経緯やその状況、③行為の態様などを総合的に勘案して判断することとなる。

　以上を踏まえれば、倫理規程上の利害関係者となる事業者等の役員や利害関係に関する部門の構成員であれば、基本的には外形的・客観的に見て当然に事業者等の利益のためにする行為と判断され「事業者等」となる（倫理規程第2条第1項各号にあるような関係のある場合は、当然に役員や当該構成員は「利害関係者」にも該当する。）。

2.「利害関係者」の範囲

　倫理規程第2条の「利害関係者」は、基本的には職員の職務に利害関係を有する事業者等であり、職員が当該事業者等との間で倫理規程の定める一定の行為を行うことが、職務の執行の公正さに対する国民の疑惑や不信を招くおそれがある場合である。

　具体的には、職員の職務遂行によって直接に利益又は不利益を受ける相手方がこれに該当し、職員がその事務に携わる行政権限の相手方である。なお、倫理法でいう「事業者等」に加え、許認可や補助金の交付等に関する行政権限の場合には特定個人も利害関係者となる（倫理規程第2条第1項第1号～第5号）。

　なお、育児休業といった休業期間は、職務に携わることがないので、利害関係者との接触は一般的には想定し難いが、休業前に就いていたポストに係る利害関係者などとの関係は引き続き留意が必要である（いわゆる3年ルール（倫理規程第2条第2項）の適用も当然にある。）。

　利害関係者か否かを判断する上で、相手方団体、また職員の職務権限との関係で疑義が生じる主な例は、以下のとおりである。

【事業者の観点】

　(1)　利害関係者が構成員に含まれる団体について

　利害関係者である事業者等により構成される団体について、倫理規程第2条に掲げる利害関係がないような場合には、利害関係者に該当しない。しかしながら、当該団体が利害関係者である事業者等の「利益のためにする行為を行う場合」は、利害関係者とみなされることとなる（倫理法第2条第6項）。

　具体的に「利益のためにする行為」か否かについては、当事者の内心の意思のほか、行為の態様や行為者の立場、団体の目的・性格、当該団体に係る費用の負担者等を勘案する

必要があり、個々の事例ごとに判断される。業界団体主催の儀礼的なパーティー（総会後の懇親会や創立記念パーティーなど）は、個々の事業者等でなく団体そのもののために行われているものと判断され、「事業者等の利益のためにする行為」ではないとされる場合が多いが、以下のように事業者等の利益のためにする行為として利害関係者とみなされる例もある。

〈事業者等の利益のためにする行為として利害関係者とみなされた例〉
○構成員全てが利害関係者である団体が主催するパーティー（着座・座席指定あり）のうち、その出席者の大部分が当該利害関係者であるものにおいて、職員が費用を負担せず飲食の提供を受ける場合（この場合、参加が認められるパーティーに該当せず、禁止行為に該当することとなる（3　多数の者が出席する立食パーティーにおける利害関係者からの飲食物の提供について参照））

【職員の観点】
(2)　役職段階が高い職員の利害関係（権限委任した場合を含む。）

倫理規程では、「職員が職務として携わる事務」の内容に応じて利害関係者の範囲が定められているため、局長であれば局全体の事務に、事務次官であれば省全体の事務に携わっていることとなる。なお、そのように役職段階が高い職員について、実質的に事務に関与していない場合であっても、行政組織上、職務権限（責任）を有している以上、決裁等を行わない場合であっても、事務に携わっていないとは言い難いことから、当然に「事務に携わっている」と解されることとなる。

なお、倫理規程第2条に掲げる権限を下位の職員に委任し、委任した職員が実質的に権限を有していない場合であっても、倫理規程第3条第1項に掲げる禁止行為の相手方である事業者等は、一般に、下位の職員に対する影響力を行使することを期待して行為を行っているものと考えられることから、倫理規程第2条第3項により利害関係者とみなされる。

(3)　併任と利害関係の関係について

併任は「現に官職に任命されている職員を、その官職を占めさせたまま、他の官職に任命する」ものであり、本務の官職における職務と併任先の職務の両方に携わるものであるため、いわゆる専ら併任であっても、本務及び併任先それぞれとの関係で利害関係者を判断することになる（専ら併任先のみで判断することとはならない。）。

2　利害関係者から提供される自動車の利用について

1. 倫理規程第3条第2項第4号の適用について

(1)　職務性の観点

「職務として利害関係者を訪問した際」であることが要件となる。

次の例のように、職務とは認められない行為（完全な私的活動ではないものであっても、職務として参加するものではない懇親会なども含む。）の場合には倫理規程第3条第2項第4号は適用されない。

【職務性が認められない例】
①　イベントの後に開催された職務外と整理されるようなレセプションに参加するため、利害関係者とともに利害関係者が用意した社用車に同乗
②　職務外で参加した記念式典からの帰路に当たり、職員と同方向に行く利害関係者の社用車に同乗
③　昼食時に、職務で訪問した事業所等から近隣の飲食施設に移動する際に利害関係者の社用車に同乗

(2)　日常利用性の観点

「利害関係者がその業務等において日常的に利用している」自動車であることが要件と

なる。

したがって、利害関係者が保有する自動車で、業務等で日常的に利用しているもの（社用車（公用車を含む。以下同じ。））は、これに該当する。また、利害関係者が保有する自動車ではないが、

ⅰ）　社用車と同視できるもの

ⅱ）　特別な機会などにおいて、国家公務員のために特別に用立てられたものではなく、当該機会の趣旨等に照らし交通手段・交通用具として適当である自動車に職員が乗車し、またそれに乗車することによって利害関係者に追加的費用が発生していない場合については、これに該当するものとして取り扱うことができる。具体例は以下のとおり。

【日常利用性が認められる例】

①　利害関係者が社用車を保有しておらず、社用車の代わりに、自動車をリース契約している場合、レンタカーやハイヤーを年間契約など包括的に契約している場合

②　利害関係者が来訪者のために使用している社用車（シャトルバス）が故障あるいは車検期間等に該当し、または運転手の確保ができないこと等に伴い、その期間中の代替交通手段としてタクシーをチャーターしている場合

③　利害関係者が普段から業務や出勤・退勤で利用している自家用車

④　国家公務員以外の者も多く参加するようなイベント等の機会に、利害関係者が提供する自動車で、国家公務員のために特別に用立てられたものではなく、当該機会の趣旨等に照らし交通手段・交通用具として適当である自動車（追加的費用の発生がないもの）に、国家公務員及び利害関係者以外の複数の者が同乗する場合

【日常利用性が認められない例】

①　利害関係者に追加的費用が発生している自動車

②　国家公務員の送迎のみのために、利害関係者が別途手配した自動車（タクシー、レンタカー、マイクロバスなど）

（3）　相当性の観点

「利害関係者の事務所等の周囲の交通事情その他の事情から当該自動車の利用が相当と認められる場合」であることが要件となる。

相当性については、交通事情として公共交通機関の運行頻度や用務地までの距離等を、交通事情以外の事情として用務遂行上の時間的な制約、移動の円滑化など個別の事情を考慮して判断している。ここで「交通事情」は、相当性が認められる事情の例として示されているものであり、相当性の判断は交通事情を含む訪問先への訪問スケジュール、訪問者の構成など、個別の事情全体をもって総合的に判断されることとなる。具体例は以下のとおり。

【相当性が認められる例】

①　公共交通機関はあるものの、その頻度が少なく、移動自体に支障が生じたり、当該用務の時間に間に合わない場合

②　公共交通機関はあるものの、（公共交通機関を複数回乗り継ぐ必要があるなど）公共交通機関を利用した場合には限られた日程で円滑に当該職務を遂行することができない場合

③　利害関係者が提供する社用車の車中で説明や意見交換を行うことが当該職務遂行上必要とされるなど当該職務遂行上同乗することが必要不可欠である場合

④　用務地の地勢などからくる安全・保安上の問題から、同地へ向かう利害関係者の社用車に同乗することが適当と判断される場合

⑤　大臣、国会議員、外国政府職員等に随行する職員が、利害関係者が提供する自動車に大臣らとともに同乗（又は併走する別の自動車に乗車）する場合

【相当性が認められない例】
① 通常徒歩で移動可能な距離である場合
② 公共交通機関を利用しても職務の円滑な遂行に支障が生じない場合
③ 公共交通機関を利用することが相当と考えられる距離の移動である場合

2. 利害関係者が提供するタクシーの利用について

利害関係者が提供するタクシーについては、「1」で認められる例として掲げたもの以外は、倫理規程第3条第2項第4号の日常利用性は原則認められないものの、以下の場合には、職務の遂行に対する国民の疑惑や不信を招くものではないとして、利害関係者が提供するタクシーの利用が認められる。

① 大臣、国会議員、外国政府職員等に随行する職員が、業務の必要性から、利害関係者が提供するタクシーに乗車する場合
② 利害関係者が、偶然、国家公務員と同方向に他の用務があるために乗車予定のタクシーに国家公務員が同乗する状況が生まれた場合（平成20年倫参―89「利害関係者が利用するタクシーに同乗することについて」）。ただし、この場合は極めて限定的であり、例えば以下のような場合は認められない。
・職員の職務の遂行に伴い利害関係者が職員と同じ目的地に移動する必要が生じている場合
・事前に同方向に他の用務があることが分かっている場合（「偶然」とは言い難いため）
・同方向であったとしても迂回等を必要とすることで、利害関係者に追加的費用が生じる場合

なお、自己の費用を負担して（割り勘で）、利害関係者が利用するタクシーに同乗することは、倫理規程第3条第1項第4号の禁止行為には該当しない。

3　多数の者が出席する立食パーティーにおける利害関係者からの飲食物の提供について

倫理規程において利害関係者から供応接待を受けることは禁止されているが、多数の出席者から見られている中で飲食物の提供を受けても、国民に公正な職務の執行に対する疑惑や不信を持たれるおそれが乏しいため、「多数の者が出席する立食パーティー」において利害関係者から飲食物の提供を受けることが例外的に認められている。ここで「多数の者」とは、一般に20名程度以上が集まるものを想定している。

また、「立食パーティー」には直接該当しないようなものであっても、その態様から、職務の公正さに対する国民の疑惑や不信を招くおそれが少ないと考えられ、立食パーティーに準じて認められる場合がある。

過去の照会回答や運用に照らし、認められるものは以下のとおりである。

⑴ 50名以上が出席する「着座・座席指定無し」のパーティー
⑵ 50名以上が出席する着座・座席指定有りのパーティーで、以下の要件を満たすもの
① 職務として、又は組織の代表として出席すること
② 祝賀会、総会、式典・大会後の懇親会など、当該パーティーが儀礼的なものであること
③ 出席者の属性が利害関係者と職員に限られず多様であること（例えば他の公的機関の関係者、利害関係者ではない民間事業者や報道関係者などの出席者がいるオープンな会合であること。）。
④ その費用負担について、国家公務員のみが利益を受けるものではないこと。
また、無料である者の比率が著しく低いものではないこと（最低でも1割以上）。
⑤ その価額が出席者の属性や会合の趣旨に照らして著しく高額なものではないこと。

　なお、立食パーティー、立食パーティーに準ずるもので、そのパーティーに係る価額が5,000円を超える場合には、贈与等報告書の提出が必要となる。

4　利害関係者から茶菓の提供・簡素な飲食物の提供を受けることについて

1. 茶菓の提供（倫理規程第3条第2項第5号関係）

⑴　職務として出席した会議その他の会合

　「職務として出席した会議その他の会合」とは、職務として利害関係者に会う場合が広く含まれており、職務であれば単に挨拶を目的として利害関係者を訪問した場合も含まれる。提供を受ける場所について限定されておらず、先方の事務所や指定する会議場所に限らず、例えば、他に適当な実施場所がなく市中の飲食店や喫茶店などで会合せざるを得ない場合など会議その他会合の実施場所として適当であれば、茶菓の提供場所としても許容される。

⑵　茶菓

　茶菓の提供は社会通念として認められる軽微な接遇に該当する態様のものであり、それに該当しないような高額な茶菓は認められない。

2. 簡素な飲食物の提供（倫理規程第3条第2項第7号関係）

⑴　職務として出席した会議

　利害関係者からの茶菓の提供については、1に述べたとおり、広く職務活動・社交活動一般において認められる一方、利害関係者からの簡素な飲食物の提供については「職務として出席した会議」に付随して提供される場合に限定される。この会議とは、「会議」の名称の付いたもののほか、会議に準じた職務上の集まりが含まれ、具体的には、職務上必要な交渉や意見交換を行うもの、開催通知の発出や事後の記録の作成など、開催の記録が残され、参加者が意見交換する実質を伴うもの、職員が職務上一定の役割を担う講演会、式典・イベント等がある。

　立入検査や監査は上記に該当しないため、倫理規程上の会議には当たらない。

　また、会議と一体性が認められるような以下の①～③の条件を満たす時間帯や場所において、意見交換、啓発活動等の機会が設けられる場合、会議本体以外の当該機会において、簡素な飲食物の提供を受けることが例外として認められる場合がある。

① 　会議との連続性があること（会議の時間の直前直後に飲食物の提供を受ける場合など。）。
② 　飲食物の提供を受ける者の範囲が限定されていないこと（会議の参加者全員一律に提供されるなど。）。
③ 　飲食物の提供を受ける場所が、会議が行われる場所と一体性または近接性があること（会議が行われる会議室、会議と同一建物内の別室など）。

⑵　簡素な飲食物

　「簡素な飲食物」とは、一般的には3,000円程度までの箱弁が想定されるが、会議の出席者の顔ぶれが企業経営者、外国政府や国際機関の要人、地方自治体の首長等、一定の格式をもって飲食を提供することが社会通念に照らしても相当と認められる場合には、それを超える額のものであっても提供が認められる場合がある。

　なお、そのような場合で、その価額が5,000円を超える場合には、贈与等報告書の提出が必要となる。

5　利害関係者と共に遊技又はゴルフをすることの考え方について

1. 禁止する趣旨

　倫理規程で「利害関係者と共に遊技又はゴルフをすること」を禁止している趣旨は、たとえ自己に係る費用を負担したとしても、利害関係者と共にそれらの行為を行うことにより、公務の公正な執行に対する国民の疑惑や不信を招くおそれがあると考えられるためである。

特にゴルフに関しては、倫理法・倫理規程が制定される契機となった不祥事において、実際にゴルフを介した事業者等からの接待が多くあったことから定められたものである。

なお、利害関係者との間ではそれぞれ自己の費用を負担する場合も禁止しているが、利害関係者以外の者と自己の費用を負担して共にこれらを行うことは禁止されていない。特にゴルフについて、国家公務員が一市民としてプレーを楽しむことは有意義なことであり、ゴルフをすることそのものが禁止されている訳ではない点に留意が必要である。

2.「共に」の解釈

「利害関係者と共に」の「共に」とは、原則職員と利害関係者とが当該行為を行う意図を共有して行うことを意味するが、意図を共有していない場合であっても、職員本人が通常の注意力を持っていれば、利害関係者と共に行うこととなることを了知し得るような状況で行う場合は、「共に」に該当するものと解する。

3.「遊技」の解釈

「遊技」は、具体的には、麻雀、パチンコ、スロットマシーンによる遊技などが該当する。

4.「ゴルフ」に係る規制

(1) 「ゴルフ」の範囲

パターゴルフやパークゴルフ又はゴルフ練習場において共にゴルフの練習をすることは、その態様から倫理規程の想定する「ゴルフ」とは異なるものであることは明らかであり、倫理規程の「ゴルフ」には含まれない。

(2) 「共に」の具体的解釈

「共に」の解釈については、2で述べたとおりであるが、具体的に「共にゴルフをする」とは、①利害関係者と同じ組でプレーすることを意図して参加するもの、②主催者の性質や参加の経緯、過去の実績等から、利害関係者と同じ組でプレーすることが容易に想定できるもの（結果的に利害関係者と同じ組とならなかった場合を含む。）、③参加人数が少人数のもの（利害関係者と同じ組でなく別の組でプレーするとしても、外形上「共に」と判断される。）である。そのため、以下の場合は「共にゴルフをすること」には該当しないものと考える。

○多数（30名以上）の者が参加するようなもので、利害関係者の参加が想定できないゴルフコンペに参加したところ、結果として利害関係者と一緒になってしまった場合

6 利害関係者と共に旅行をすることについて

1. 禁止する趣旨

倫理規程で「利害関係者と共に旅行をすること」を禁止している趣旨は、それらの行為そのものが、たとえ自己に係る費用を負担したとしても、利害関係者と共に行うことにより過度な付き合いがあるとして、公務の公正な執行に対する国民の疑惑や不信を招くこととなると考えられるためである。

2.「共に」の解釈

「利害関係者と共に」の「共に」とは、原則として職員と利害関係者とが当該規制行為を行う意図を共有してそれを行うことを意味する。ただし、意図を共有していない場合であっても、職員本人が通常の注意力を持っていれば、利害関係者と当該行為を共に行うこととなることを了知し得るような場合は、「共に」に該当するものと解する。

具体的には、以下のような態様であれば、倫理規程上の「共に」に該当する。

○あらかじめ利害関係者の参加が判明している場合
○参加者数に占める利害関係者の割合が多い場合

3.「旅行」の解釈

ここでいう「旅行」とは私的なものをいい、具体的には、以下のいずれかに該当するような態様であれば、倫理規程上の「旅行」に該当する。

○宿泊を共にする場合

○日帰りの行程において、目的地で行動を共にするほか、往路又は復路を共にする場合

※ただし、公務で利害関係者と出張する場合は「旅行」に該当しない。

7　倫理規程第5条第1項の考え方について

　利害関係者以外の者から利益供与を受けた場合に倫理規程第5条第1項に違反するか否かについては、過去の照会回答においては、その個別具体的な利益供与における①原因・理由、②対象者の範囲、③額、④頻度、⑤相手との関係性等の主な留意事項を総合的に勘案して「社会通念上相当と認められる」か否かを判断している。

　具体的には、受ける利益供与の態様に応じて、利害関係者から同様の利益供与を受ける場合の原則・例外的な取扱いの考え方を示している他の論点整理を参考にしつつ、上記①〜⑤の留意事項を総合的に勘案して判断する必要がある。

①　利益供与の原因・理由に相当性があるか否か〈原因・理由〉

【相当性が認められる場合】

　○透明性が確保された方法で利益が供与されており、相当性が客観的に明らかであるとき

　○儀礼的な会合に招待されたもので、国民の疑惑や不信を招くようなものではないとき

　○職務として必要であると判断されたもので、個人的に利益供与を受けていないなど国民の疑惑や不信を招くようなものではないとき　等

②　利益供与を受ける対象が、国家公務員のみなのか否か〈対象者の範囲〉

【社会通念上相当と認められた事例において考慮されたもの】

　○広く一般に配布されたものである（贈与の場合）

　○出席者全員が無料である（供応接待の場合）

③　利益供与を受ける額が、高額すぎないか〈額〉

【社会通念上相当と認められた事例において考慮されたもの】

　○出席者の属性や会合の趣旨に照らして著しく高額ではないもの

　注）講演等の報酬であれば、他の講演者に依頼した場合よりも高額である場合や現在の地位や講演内容に照らして高額であるような場合は、国民の疑惑や不信を招きやすい点に注意が必要。

④　利益供与は1回限りか、繰り返しか〈頻度〉

⑤　現時点では利害関係がないとしても、頻繁に契約の相手方となっている、あるいは利害関係性が生じる可能性があるなど、国民の疑惑や不信を招くような関係性はないか〈相手との関係性〉

　注）上記のほか、倫理規程上の利害関係がなくとも、職務上のやり取りが多いなど職務上密接な関係性が認められるような場合は、国民の疑惑や不信を招きやすい点に注意が必要。

※事案によっては上記①〜⑤以外の事項が判断事項に含まれることもあり得る。

　　倫理法の目的が「職務の執行の公正さに対する国民の疑惑や不信を招くような行為の防止」を図ることであることから、倫理規程第5条第1項の「社会通念上相当」であるためには、国家公務員のみが何らかの利益供与を受けて公正な職務執行をゆがめたりするおそれがないと判断されるものでなければならない。そのため、最低限、上記の①〈原因・理由〉や②〈対象者の範囲〉は確認・判断しておかなければならない。

　　加えて、倫理規程第5条第1項の「社会通念上相当」の判断に当たって、利益供与の額・頻度等が社会的に理解される内容なのか、利益を提供する側と国家公務員との関係性が疑念や不信を招くような事情がないか等の側面から判断を加える必要

がある（同じ行為であっても、相手との関係性（上記⑤）によって認められる範囲は大きく異なってくる。）

具体的な当てはめにおいて判断に迷う場合には、倫理審査会事務局に御相談ください。

8 ⑴ 倫理法・倫理規程に係る贈与等の規制対象について

1. 倫理法・倫理規程の規制対象となる贈与等に当たらない場合

倫理法・倫理規程は、職員が事業者等から受ける贈与等を規制しており、組織が受ける贈与等はその規制の対象とはならない。

組織的に受ける贈与等に当たるか否かの判断に当たっては、実質的に職員への贈与等とみなすべき場合もあることから、個々の態様に応じて対応していくほかないが、過去の照会回答や運用を踏まえれば、以下のような要件を満たすものであれば、組織的に受ける贈与等として倫理法・倫理規程上の規制の対象とはならないと判断される場合がある。

なお、<u>倫理法・倫理規程の規制の対象とはならないことをもって、直ちに当該行為が社会的に許容されるものではなく、職員であれば規制されるような行為を組織として行うことについて、組織としての事務所掌・事務遂行面から組織的に受領することの妥当性に照らし、国民からの信頼確保の観点からその諾否を慎重に検討する必要がある点には留意が必要である。</u>

贈与等の対象物が、公的に活用される、又は職務に資するものであり、以下①～③のいずれかに該当し、職員への贈与等には当たらないと組織において判断した場合（職員個人で判断することはできず、また、職員個人が対象物を私的流用することは当然許されない点に注意）。

① 組織宛て（※）に物品の贈与等があり、当該物品が物品管理法制上の帳簿その他適切な文書に記載され、組織として管理されている

② 正式な寄附手続に則り、組織として寄附を受けている

③ 契約書等の文書により組織間での贈与等であることが明らかである

（※）「○○省」「○○局」など組織宛てというのが明らかなものをいう。

【倫理法・倫理規程上の規制対象とならない贈与等の例】

○A省が開催するセミナーの会場について、利害関係者である大学、自治体等の公的団体が所有する会議室を無償で借用した場合

○利害関係者である団体が主催するシンポジウムについて、利害関係者から後援団体であるB省宛て（特定の職員宛てであれば基本的には倫理法・倫理規程の対象となる）に参加依頼があり、チケット（販売価格5,000円）が送付されてきた場合（チケットがなく「招待」である場合も含む。）で、B省職員が職務として参加する場合

○利害関係者からC局宛てに無料送付された機関誌について、業務に有益な資料となることから、C局の受領印を押印してC局で保管する場合

【倫理法・倫理規程上の規制対象となる贈与等の例】

○単に組織宛てに送られてきたもので、物品管理簿等により管理することなく全員で分配するような物品（激励品等）

2. 贈与等報告書との関係

上記で述べたような組織的に受ける贈与等は倫理法・倫理規程の規制対象とはならないため、贈与等報告書の提出は不要である。

なお、職場において物品登録等ができない個人で費消する可能性のある食品や消耗品など、組織として管理せず、最終的に職員に帰属するような態様であれば、上記のとおり倫理法・倫理規程上の贈与等に当たるため、透明性の確保の観点から、贈与等報告書の提出が必要である。

8 (2) 旅費等の先方負担の考え方について

　利害関係者から金銭の贈与を受けること、あるいは利害関係者以外から社会通念上相当と認められる程度を超えて財産上の利益の供与を受けることは禁止されているが、職員が先方から依頼を受けて講演を行う場合など、一般に、依頼を受けて一定の役務を提供する場合等に、当該役務提供に係る旅費その他の必要な経費について実費相当額の負担を受けること（いわゆる「旅費等の先方負担」）は、利害関係の有無や職務か否かにかかわらず、運用上、例外的に認められている（倫理規程第3条第1項第1号の「金銭の贈与」あるいは第5条第1項の「財産上の利益の供与」には該当しない。）。

　これは、特に職務として一定の役務を提供する場合には、本来、官費として支出すべきものであるところ、依頼を受けて一定の役務を提供する場合には、それに伴う経費について先方負担としても相応な理由として認められるという趣旨である（もちろん官費として支出することは問題ないが、当然ながら重複して受けることは認められない。）。

1. 対象となる一定の役務について

　先方から依頼を受けて、講演、討論、講習・研修における指導・知識の教授を行う、会議へ出席する場合などが一般的にはこれに当たる

　また、例えば、職員個人が参加するボランティア活動、職務外で通っている大学等のゼミの研究活動、裁判員の選任手続等に伴うものなど、その役務が職務ではない場合にも旅費等の先方負担は認められている（ただし、当該提供する役務が、国民の疑惑や不信を招くおそれがあるものは認められない。）。

2. 対象となる旅費その他の必要な経費について

　旅費その他の必要な経費には、役務提供に際して要した交通費（鉄道賃、船賃、航空賃、車賃）や宿泊料といった旅費のほか、会議・セミナーの参加費などの必要な経費が含まれる。

3. 受領できる額の範囲について

　受領できる額の範囲としては、当該役務提供のために要した費用が「実費相当額」となるが、具体的には国家公務員等の旅費に関する法律（以下「旅費法」という。）に基づく旅費がその一つの目安となる。

　なお、旅費法においては、特に宿泊料など、定額で支給する方法をとっているものの、パック商品を利用する場合や、周辺に支給される定額で宿泊可能な場所がないために高額の宿泊先に宿泊する場合など旅費法上の定額料金と実費がかけ離れている場合なども考えられるため、旅費法に基づく旅費を「目安」としつつも、個々の事情を勘案して、実費相当額の範囲かどうか確認する必要がある。

　なお、例えば以下のようなものは、実費であっても認められないものと考える（実費相当額の範囲を超える場合には、その差額が倫理規程第3条第1項第1号の「金銭の贈与」あるいは第5条第1項の「財産上の利益の供与」に該当する。）。

　　○公共交通機関があるにもかかわらず、特段の事情がなく利用するタクシー代
　　○宿泊施設が多数あるにもかかわらず、特段の事情がなく利用する周辺相場より高額な
　　　宿泊料
　　○指定職以外の職員が特段の事情がなく利用する新幹線のグリーン料金

4. 贈与等報告書の関係

　先方が負担する額が旅費法で認められている範囲内であれば、贈与等報告書の提出は不要である。ただし、旅費法を超えるような額の場合には、旅費法で認められている旅費等と実際に先方から支給された金額とを比較しその差額が5,000円を超え、その額が「実費相当額」を超えるものと認められる場合には、金銭の贈与に該当し、贈与等報告書の提出が必要となる。

「義理チョコ」はセーフですよね?

こんなときどうする?　地方公務員のコンプライアンス

令和3年6月30日　第1刷発行
令和5年6月1日　第4刷発行

著　者　鵜養　幸雄

発　行　株式会社 ぎょうせい

〒136-8575　東京都江東区新木場1-18-11
URL：https://gyosei.jp

フリーコール　0120-953-431

ぎょうせい　お問い合わせ 検索 https://gyosei.jp/inquiry/

〈検印省略〉

印刷　ぎょうせいデジタル株式会社　　　　　　　　©2021　Printed in Japan
※乱丁・落丁本はお取り替えいたします。

ISBN978-4-324-11023-2
(5108731-00-000)
〔略号：地公コンプラ〕